JN318182

岩波文庫

33-144-13

人間の学としての倫理学

和辻哲郎著

岩波書店

西田幾多郎先生にささぐ

序

この書は人間の学としての倫理学の意義と方法とを述べたのみであって、かかる倫理学の体系的な叙述には進んでいない。だからそれはただ倫理学の序論に過ぎぬ。しかし著者の望むところは、倫理学をかかるものとして明らかにすることにより、倫理学への関心を刺激することである。もしこの書がある人々にとって倫理学の問題に自ら考え込んで行くということの機縁となり得るならば、著者の望みは足りるのである。

この書とほぼ同じような考えは、かつて昭和六年に岩波哲学講座の『倫理学』において述べたことがある。この書においても前著と同じ材料を少なからず用いたが、しかしここでは全体にわたって新しく考えなおし、また新しい組み立てによって叙述しなおした。何ほどの進歩をも示していないかも知れぬが、さらにおおかたの識者の叱正を得ば幸いである。

昭和九年正月

著　者

目　次

第一章　人間の学としての倫理学の意義

一　「倫理」という言葉の意味

倫理学とは何であるかという問いに答えて、それは倫理あるいは道徳に関する学であると言うならば、そこには一切が答えられているとともにまた何事も答えられておらない。倫理学は「倫理とは何であるか」という問いである。だからそれがかかる問いであるとして答えられるのは正しい。しかしそれによってこの問いの中味には全然触れられるところはないのである。従ってこの問いの中味は倫理学自身によって明らかにせられるほかはない。

倫理学についていかなる定義を与えようとも、それは、問いを問いとして示すに過ぎない。答えは結局倫理学自身によって与えられるほかはないのである。倫理学は倫理的判断の学であるとか、人間行為の倫理的評価の学であるとかと定義せられる。しかし倫理的判断とは何であるか、人間行為とは何であるか、倫理的評価とは何であるか。それは既知量として倫理学に与えられているのではなく、まさに倫理学において根本的に解かるべき問題なのである。だから倫理学とは何であるかを倫理学の初めに決定的に規定することはできない。

出発点においては我々はただ「倫理とは何であるか」という問いの前に立っている。ところでこの問いは何を意味するであろうか。この問いが言葉によって表現せられ、我々に共通の問いとして論議せられ得るということが、出発点においては唯一の確実なことである。我々は倫理という言葉によって表現せられたことの意味を問うている。そうしてその言葉は我々が作り出したものでもなければまた倫理学という学問の必要によって生じたものでもない。それは一般の言語と同じく歴史的・社会的なる生の表現としてすでに我々の問いに先だち客観的に存しているのである。

そこで我々はこの言葉を手がかりとして出発することができる。倫理という言葉はシナ人が作って我々に伝えたものであり、そうしてその言葉としての活力は我々の間に依然として生き残っているのである。この言葉の意味は何であろうか。その意味の上に我々はいかなる概念を作り得るであろうか。

倫というシナ語は元来「なかま」を意味する。この意味は精力絶倫というごとき用法において今なお生きている。礼記に、人を模倣することは必ずその倫(なかま)においてすという句がある。これは、模倣が社会であるというタルドの考えを逆に言ったようなものであるが、それだけに倫の共同態としての意味を明白に語っている。かく倫がなかまを意味するゆえに、人倫という熟語もしばしば人のなかま、あるいは人類の意に用いられる。たとえば、畜生でさえもこうである、いわんや人倫をや(十訓抄)、というごときである。ところでこの「なかま」ということは単に人を複数的に見ただけではない。そこには人々の間の関係とこの関係によって規定せられた人々とが意味せられている。日本語のなかまに「仲間」という漢字があてはめられることによっても明らかなごとく、なかまは一面において人々の中であり間《あいだ》でありつつ、しかも他面においてかかる仲や間における人々なのである。このことは倫においても同様であって、そこから倫の最も重大な用法が発展して来る。すなわち父子君臣夫婦が「人の大倫」(孟子)と言われ、あるいは兄弟が「天倫」(公羊伝)と呼ばるるごときである。父子や君臣はそれぞれ特殊な、しかも重大な意義を持つ「なかま」であるが、それは父子関係君臣関係でありつつまたこの関係における父子君臣なのである。かかる用法において人倫が人間の共同態を意味していることは明白だと言わねばならぬ。従って人倫五常とは人間共同態における五つの「常」、すなわち五つの不変なることである。ところで人間共同態において「不変なること」とは何を意味するであろうか。人間生活の不断の転変を貫ぬいて常住不変なるものは、古くより風習として把捉せられていた。風習は過ぎ行く生活における「きまり」「かた」であり、従って転変する生活がそれにおいて転変し行くところの秩序、すなわち人々がそこを通り行く道である。人倫における五常とはまさにこのような秩序あるいは道にほかならぬ。しかるに人間共同態は本来かくのごとき秩序にもとづくがゆえに可能なのである。父子の間に父子として秩序がなければ父子の間柄そのものが成立せず、従って父を父、子を子として規定することもできぬ。だから父子の「大倫」は父子を父子たらしめる秩序すなわち「常」にもとづいてまさに大倫たり得るのである。かく見れば人倫五常は、人間共同態における五つの秩序であるとともに、また人間共同態を共同態たらしめる五つの秩序でもあるのである。従って人倫五常をいう代わりに人倫そのものが五倫と呼ばれるのも不思議ではない。五倫は五種の共同態を意味しつつ同時に五種の常すなわち秩序をも意味している。*「人倫」という言葉が人間共同態の意味を持ちつつしかも「人間の道」あるいは「道義」の意に用いられるのは、右のごとき事情によるのである。

* 倫が秩序を意味する例としては、論語、言中倫。――字書には書の洪範の「彝《い》倫《りん》攸レ敍」を引いて常也と注している。あるいは次序也ともいう。しかし倫が共同態を意味しつつ同時に常あるいは秩序をも意味し得るのは、その間に必然の関係を含んでいるからである。

しからばその人倫五常の内容は何であろうか。孟子によれば、「人倫」を教えるとは、父子有親、君臣有義、夫婦有別、長幼有序、朋友有信、を教えることである。父子の共同態には「親」がある。「親」がこの共同態における秩序である。しかし「親」なくば父子の共同態そのものは可能でない。従って「親」は父子の共同態を可能ならしめる根柢である。父子の間に「まさに親あるべし」と言わずして、父子親有りと言うところに、右のごとき意味が看取せられる。同様に「義」「別」「序」「信」も、それぞれの共同態の可能根柢である。朋友は「信」において朋友として成立するのであって、朋友の成立の後に信が当為として要求せられるのではない。もちろん朋友は信の根柢において成立するがゆえにまさに信の欠如態においても存立し得る。だから朋友の共同態の根柢たる信がまた当為としての意味をも帯び得るのである。しかしその当為が共同態の存在根柢に基づくことは明白だと言わねばならぬ。

かく見れば人倫五常の思想は、人間共同態を父子・君臣・夫婦・昆弟・朋友というごとき五種の類型において把捉する立場に立ち、これらの共同態をその存在根柢からながめたものである。人間共同態を右のごとく君臣関係・家族関係及び朋友関係の三つの領域においてのみ把捉し、しかも家族関係を父子・夫婦・昆弟の三つに細別するごときことは、歴史的風土的なる特殊制約にもとづくのであって、むしろそこから古代シナにおける社会構造が洞見せらるべきものであろう。のみならずシナ自身においても五倫のみが唯一の思想なのではない。たとえば祭りの十倫（すなわち祭りの十義）を説いて、君臣・父子・夫婦・長幼の四者のほかに、事鬼神之道、貴賤之等、親疏之殺、爵賞之施、政事之均、上下之際等を見《あら》わすと言う場合もある。（礼記、祭統）鬼神に事《つか》うるの道をいうのは部落共同態の見地においてであり、そのほかはすでに階級的に分化せる社会の構造を反映している。貴賤之等や政事之均をあらわすことが君臣之義や父子之倫をあらわすと同じく祭りの「倫」であるという思想は、明白に祭りが人倫の表現であることを、従って表現せられた人倫が祭りの「倫」にほかならぬことを示しているのである。そうしてその人倫の内に君臣之義と並んで貴賤之等、政事之均というごときが数えられるとすれば、ここには人倫五常と著しく異なった人倫の思想が存すると言わねばならぬ。が、この立場においても、異なるのはただ共同態の把捉の仕方だけであって、人倫を人間共同態の存在根柢から把捉するという根本の態度は変わらないのである。

もちろん我々はシナ古代の道徳思想においてこの根本の態度が自覚的に把持せられていたというのではない。諸子の内には個人的主観的意識から道徳を説こうとするものも少なくはない。しかしかく取り扱われる道徳が人倫の地盤から出たものであることは推測するに難くないであろう。たとえば仁義礼智信はしばしば個人の心に賦与された道徳感情あるいは徳性として説かれる。ところで「仁」は「親」であって父子の間柄の根柢であり、「義」は君臣の間、「信」は朋友の間の根柢である。「礼」は夫婦の間に、「智」は長幼の間にあてて考えることができる。これらはそれぞれの間柄を本質的に規定するものであって、それなくしては間柄そのものが不可能になる。しかしまたそれぞれの間柄はそれのみによって成り立っているのでもない。仁は親愛である。そうして親愛は父子の間のみならずあらゆる他の間柄に、従って一般に人と人との間にあり得る。同様に義礼智信もそうである。かく一般的に考察せられる時、それらは特殊の間柄に座を占めることをやめて、人の「心」の問題とせられ得るに至るのである。さらに進んではこれらの諸徳のいずれが根本的であるかを問題とし、特に仁をもって根本とする思想が顕著に現われて来る。しかしかかる思想においても仁が一般に共同態の存在根柢であるという立場は失われていない。孝弟をもって「仁の本」とするごときは、仁の根源的な場所が依然として家族共同態に置かれていることを示すものであり、従って共同態一般を家族共同態から推論するものと解することができる。

が、我々の問題たる「倫」あるいは「人倫」の意味を追求するためには、右のごとき思想史的考察に深入りする要はない。人間共同態の存在根柢たる秩序あるいは道が「倫」あるいは「人倫」という言葉によって意味せられている、という点が明らかになりさえすればよいのである。

それでは「倫理」という言葉は何を意味するであろうか。ここに「理」という言葉が付加せられることによってどれだけの変化が惹き起こされているであろうか。

　理は「ことわり」であり「すじ道」である。だからそれが人間生活に関係させられれば理の一語のみをもってすでに「道義」の意味を持ち得る。人間の理は人間の道である。しかるに「倫」は一面において人間共同態を意味しつつ他面においてかかる共同態の秩序すなわち人間の道を意味した。だから「倫理」と熟する場合にもここに何ら意味の拡大は見られない。ただ「倫」がすでに持つところの道の意義を「理」によって強調するのみである。だから「倫理」は十分な意味における「人倫」と全然同義であると言うことができる。すなわち「倫理」もまた人間共同態の存在根柢たる道義を意味する。かかる意味において音楽が倫理に通ずるとか、史を読んで大倫理を観るとかいうようなことが言われるのである。* 言い換えれば倫理とは芸術や歴史に表現せられ得る人間の道であって、理論的に形成せられた原理ではないのである。

＊　礼記、楽記第十九。凡音者生於人心者也。楽者通倫理者也。是故知声而不知音者、禽獣是也。知音而不知楽者、衆庶是也。唯君子為能知楽。〔凡そ音は人の心に生ずる者なり。楽は倫理を通ずる者なり。是の故に声を知りて音を知らざる者は禽獣是なり。音を知りて楽を知らざる者は衆庶是なり。唯君子のみ能く楽を知ると為す。〕朱子語類。読史当観大倫理大機会大治乱之

得失。〔史を読むは、当に大なる倫理、大なる機会、大なる治乱の得失を観るべし。〕

以上によって我々は「倫理」という言葉の意味を明らかにした。この意味からすれば単に個人的主観的道徳意識を倫理という言葉によって現わすのははなはだ不適当である。倫理という言葉は第一に人間共同態に関する。共同態を捨象した個人的意識はこの語と縁なきものである。第二にそれは人間共同態の存在根柢に関する。道徳的判断あるいは評価はこの地盤の上で可能にせられるのであって、逆にかかる判断や評価が根柢となるのではない。そこで我々は右のごとき語義の上に「倫理」という概念を、主観的道徳意識から区別しつつ、作り上げることができる。倫理とは人間共同態の存在根柢として、種々の共同態に実現せられるものである。それは人々の間柄の道であり秩序であって、それあるがゆえに間柄そのものが可能にせられる。倫理とは何ぞやという問いにおいて問われていることは、まさにこのような人間の道にほかならぬ。

右のごとく倫理の概念が明白に規定せられるとともに、倫理とは何ぞやと問うところの「倫理学」もまた明らかに規定せられてくる。すなわち、倫理学とは人間関係・従って人間の共同態の根柢たる秩序・道理を明らかにしようとする学問である。しかし、ここに明らかに規定せられたように見えるのは、ただ外見に過ぎない。なぜならそこには人間・人間関係・共同態というごとき、いまだ解かれざる問題が並べられている。人間とは何であるか。間柄とは何であるか。それが倫理及び倫理学の概念から直ちに惹き起こされてくる問題なのである。

二　「人間」という言葉の意味

「人間」という言葉は今漠然とヨーロッパ語の anthrōpos, homo, man, Mensch などに当てて用いられている。しかしまた同時に「人」という言葉も同様の用法において用いられる。では「人《にん》」という言葉に「間」という言葉を結びつけたのは何を意味するのであろうか。あるいは何の意味もないのであろうか。ドイツの社会学者は「人」と「間」との二語を結合することによって、すなわち Zwischen den Menschen あるいは das Zwischenmenschliche という言葉によって、人間関係を社会とする一つの立場を言い現わしている。しかるに日本語においては「人」も「人間」も何らの異なる意味を現わし得ないのであろうか。

もしそうであるならば日本語ほど働きのないものはないと言わねばならぬ。しかし事実はそうでない。言葉自身が異なる意味を現わし得ないのではなく、言葉を用うる「人間」自身がその意味を混同したのである。現代に広く行なわれている字書『言海』がこのことを明白に語っている。すなわち人間とは「よのなか」「世間」を意味し、「俗に誤って人の意となった」のである。しからば人間という言葉の本来の意義はドイツ人のいわゆる das Zwischenmenschliche すなわち社会にほかならず、それが誤って der Mensch の意に転化し、両語の区別が無視せられるに至った、ということになる。しかし「人の間」すなわち人間関係を単に「人」の意に解するという「誤り」は、あまりにも思索能力の弱さを示しはしないであろうか。少なくともドイツの関係社会学者は、das Zwischenmenschliche を der Mensch の意に誤解する人に対して、ともに論ずることを欲しないであろう。我々は「人間」という言葉を「人」の意に解する限り、右のごとき誤解の責めを負うべきなのではなかろうか。

しかしこの「誤解」は単に誤解と呼ばれるにはあまりに重大な意義を持っている。なぜならそれは数世紀にわたる日本人の歴史的生活において、無自覚的にではあるがしかも人間に対する直接の理解にもとづいて、社会的に起こった事件なのだからである。この歴史的な事実は、「世の中」を意味する「人間」という言葉が、単に「人」の意にも解せられ得るということを実証している。そうしてこのことは我々に対してきわめて深い示唆を与えるのである。もし「人」が人間関係から全然抽離《ちゅうり》して把捉し得られるものであるならば、Mensch を das Zwischenmenschliche から峻別するのが正しいであろう。しかし人が人間関係においてのみ初めて人であり、従って人としてはすでにその全体性を、すなわち人間関係を現わしている、と見てよいならば、人間が人の意に解せられるのもまた正しいのである。だから我々は「よのなか」を意味する人間という言葉が人の意に転化するという歴史全体において、人間が社会であるとともにまた個人であるということの直接の理解を見いだし得ると思う。

そこで我々は、人間という言葉の意味を歴史的に考察することによって、そこに我々の「人間」の概念を確立しようと試みるのである。

元来我々の用うる言葉の内 anthrōpos, homo, man, Mensch などに最もよく当たる言葉は「人《にん》」及び「ひと」である。すでにシナの古代において、人は「万物の霊」あるいは生物中の「最霊者」であり、人の人たるゆえんは二足にして毛なきことではなくまさに「弁(あるいは言)を持つこと」(荀子、非相篇)であった。この二つの規定はギリシア人が anthrōpos に与えた規定と明白に合致する。日本人はその文化的努力の初期においてかくのごとき規定を有する「人」の語を学び、そうしてそれに「ひと」という日本語をあてはめたのである。だから anthrōpos について言われることは厳密にはただ「人」についてのみ言われることであると解しなくてはならぬ。

しかしこの人という言葉も精密に見ればすでに anthrōpos や homo と異なった意味を担っている。それは「人」及び特に「ひと」が、おのれに対するものとしての「他」を意味するという点である。「ひと」の物を取るというのはanthrōposの物を取ることではなくして「他人」の所有物を盗むことであり、「われひとともに」という場合には我れとMenschとが並べられるのではなく自他ともにということが意味せられる。が、さらに他人という意味は不定的に世人という意味にまでひろげられる。「ひとはいう」とはman sagtと同じく世人はいうの意である。かかる用法においては「ひと」はすでに世間の意味にまで近づいている。たとえば「人聞きが悪い」とは世間への聞こえをはばかるのである。かく「ひと」という言葉が我れに対する他者の意味からして世間の意味にまで発展するとともに、他方で、その他者に対するわれ自身が同様に「ひと」であるということもまた見失われてはいない。自分をからかう相手に対して「ひとをばかにするな」という場合のごときそれである。この意味はわれ自身が他者にとってまた他者であることの理解から生じたものであろう。自分に対する干渉を斥ける場合に、「ひとのことを構うな」という。それは他人のことにかかわるなという意味を通じて、汝にとっての他人たる「我れ」にかかわるなという意を現わすのである。このことは同時にわれにとっての他者がまたそれ自身「われ」であることの理解を含むと言ってよいであろう。かく見れば「ひと」という言葉は自、他、世人等の意味を含蓄しつつ、すでに世間という意味をさえも示唆しているのである。

かくのごとき意味の含蓄は homo や anthrōpos には見られない。homo が複数において世間を意味し、あるいは今名ざした人を強調してさす場合に「彼」の意味に用いられるとしても、そこに明瞭に「他者」の意味が含まれているとは言えない。homo からその格の変化に添いつつ homme と on とを作り出したフランス人に至っては、homo における右のような両面の意味を引き離して別語としてしまった。同様にドイツ語においても、Mann の形容詞形から出た Mensch（人）は、同じ語から出た man（世人）と、全然別の言葉にせられている。英語はこの man を人の意に用いるとともに、そこから世人もしくはある人の意味を全然閉め出している。いずれを見ても「人」という言葉におけるごとく、自、他、世人等をともに意味するというようなことはないのである。

「人」という語のこの特殊な含蓄は、この語に「間」という語を添加して「人間」という語を作っても、決して消えて行くものではない。人間は単に「人の間」であるのみならず、自、他、世人であるところの人の間なのである。が、かく考えた時我々に明らかになることは、人が自であり他であるのはすでに人の間の関係にもとづいているということである。人間関係が限定せられることによって自が生じ他が生ずる。従って「人」が他でありまた自であるということは、それが「人間」の限定であるということにほかならない。人を人として規定するものが言葉であるということも、結局は同様の意味を持つと思われる。かく見れば人間という言葉が人の意に転用せられるのは、「人」という言葉の含蓄から考えても根拠なきことではない。

しかし実際の転用はかくのごとき自覚から起こったのではなかった。それは客観的精神の世界での遠い迂《まわ》り路《みち》によって知らず知らずに惹き起こされたことなのである。しかもかかる転用はシナにおいては決して起こらなかった。人間とはあくまでも世間、人の世であって、人ではない。別有天地非人間（〔別に天地の、人間に非ざる有り〕李白）と言われる場合の「人間」は明らかに人間社会である。ここでは別天地が人の世のものでないとして示されている。人間行路難（〔人間、行路難し〕蘇軾）とは人間社会における世渡りのむずかしさであり、人間万事塞翁馬とは歴史的社会的なる出来事の予測し難いことをいう。仏教の漢訳経典も厳密にこの用法を守っている。古いインドの神話的想像によれば、衆生は輪廻によって五つの世界(loka)に転生する。地獄中に、餓鬼中に、畜生中に、人間に、天上に。この「中」「間」「上」等がlokaの訳なのである。*従って天上とは天(deva)の世界、人間とは人の世界を意味する。人の世界とは人間社会であって人を取り巻く自然界のことではない。いわんやこの世界の住者たる人を意味するのではない。日本において最も多く読まれた法華経もまた明らかにこの用法を示している。たとえば衆生を愍れむがゆえにこの人間に生ずる（法師品）とか、あるいは天上に生じあるいは人間に在り（譬喩品）というごときである。このようなシナ語「人間」を学び取った日本人も、初めの間はその用法を守っている。たとえば「人間の人**」というごとき言い現わしがそれである。仏書の影響の多い戦記物などでは、「世間無常」という仏教思想がしばしば「定めなきは人間の習ひ」あるいは「人間のあだなる習ひ」として言い現わされる。あるいはまた六道《ろくどう》の思想を背景として「天上の五衰、人間の一炊」などとも言われる。謡曲などでも、「世の中は人間万事塞翁が馬***」というごとく、世の中と人間とを等置している。しかもこのような、人間社会を意味する「人間」という言葉が、「人」の意に転用せられるに至ったのも、またまさに右にあげた仏教経典の用法を媒介せられてのことなのである。

* 中阿含、遠梵行（大正蔵一。五九九ページ）。パーリ経典では nirayaloka, tiracchānaloka, pittivisayaloka, manussaloka, devaloka. すべて一様に loka がついている。以上の五に阿修羅を加えたのが六趣あるいは六道である。

** 大鏡（実頼）。わがする事を人間の人のほめあがむるだにけうある事にてこそあれ（国史大系、一七。五〇八ページ）。現行本には「人の」を省いてただ「人間の」としたのが多いが、時代の関係から言って「人間の人の」という方が正しいと思う。

*** 謡曲、「綾鼓」。なお「羽衣」における「疑ひは人間にあり」という句も、天上と人間との対照を含意している。疑いというごとき煩悩が人間界の現象だというのである。

前にあげた仏教の輪廻観は、衆生の経めぐる世界を地獄中、餓鬼中、畜生中、人間、天上の五界、あるいは阿修羅を加えて六界とした。衆生は「人間に」生じた場合に「人」であり、「畜生中に」生じた場合に「畜生」である。ところで漢訳経典はしばしばlokaの訳語たる「中」を省略して、地獄・餓鬼・畜生・人間・天上というごとくに二字をそろえて並べている。そこでは人間が直ちに畜生・餓鬼等と対立せしめられる。そうしてこの形において六道の思想は平安朝より武家時代に至る日本人の人間観を支配していたのである。だから一方では「人間の人」というごとく「人間」を明らかに人間社会の意に解しつつ、他方では畜生との対比に際して、畜生に対するものを人間と呼ぶということが起こって来る。すなわち畜生界の住者たる畜生と、人間の住者たる人とが対比せられるのであるにかかわらず、人間が直ちにその中の住者「人」の意味において畜生に対立する。狂言『こんくわい』が狐をして「人間といふものはあどないものぢや」と言わせているごときはその適例である。* かくして我々は「人間」という言葉が「人」の意に転用せられる最初の契機を、輪廻的人間観に関連せる訳語の用法の内に見いだすことができる。それは全然偶然のことと言ってよい。しかしこの偶然事に媒介せられたこと自身は、決して偶然的ではないのである。

＊　新村博士の教示によれば、慶長八（一六〇三）年長崎キリシタン版の日葡辞典には、Ninguen,

Genero humano とある。動物から区別せられた意味での人類である。

我々は、初め人間社会を意味した「人間」という言葉が、絶えず畜生という言葉と並べて用いられたという偶然事を介して、動物との区別において「人」の意味を獲得した、という事実を見いだした。ところでもし「人間」という言葉が本来「人」をも意味し得るのでなかったならば、いかなる媒介があったとしても、かかる結合は起こり得なかったであろう。だから人間が人の意となったということは、本来「人間」という言葉がかく解せられ得るものを含んでいたということの証拠である。「定めなきは人間の習ひ」とは世間無常を言ったものであるが、しかし世間の無常は同時に世間における人の無常にほかならぬ。「七度人間に生まる」とは七度人間社会に生まれ来ることにほかならぬが、しかし人間社会に生まれ出るのは同時に「人として」生まれることである。同様に「人間わずか五十年」「人間一生夢のごとし」というような句も、この世間・この世において生きるのはわずか五十年であり夢のようである、という感慨の言い現わしであるが、しかしこの世間における一生はまさに人の一生であるがゆえに、人間の一生と人の一生とはそのさすものを同じくする。かかる例において「人間」について言われることがそのまま「人」に通用するということは一見して明白である。しからば「人間」は本来「人」でもあったのである。

しかし人の全体性（すなわち世間）を意味する「人間」が、同様に個々の「人」をも意味し得るということは、いかにして可能であろうか。それはただ全体と部分との弁証法的関係によるほかはない。部分は全体においてのみ可能となるとともに、全体はその部分において全体なのである。我々はすでに古くから、その日常性において、部分に全体を見、部分を全体の名で呼んでいる。たとえば「兵隊」とは明らかに一つの組織せられた集団であるが、我々はその集団の一員をも兵隊と呼ぶ。「とも」「なかま」「郎党」などすべてそうである。「ともだち」「若衆」「女中」「連中」などに至っては一層明白にそうである。（日本語における複数形の不発達はかかることに何らかの関係を持つかも知れない。「一人のともだち」というごとき言い現わしの可能な国語において、単数と複数とを截然分かつことは不可能である。）一人の人を人間と呼ぶのは、右のごとき傾向の一つの現われにほかならない。人は世間において人であり、世間の全体性を人において現わすがゆえに、また人間と呼ばれるのである。たとえば人を動物より区別するものは言葉と理性とであると言われるが、言葉と意識とは社会的産物でありつつしかも個人において現われるものである。一人の人といえどもそれが人である限り、すなわち言葉を持つ限り、社会を個人において現わしているのであり、従って人間と呼ばれてよい。かく見れば人間を「世間」と「人」との二重の意味に用うることは、人間の本質を最もよく言い現わしたものと言わねばならぬ。

以上が「人間」という言葉の背負っている歴史的背景である。我々はかかる言葉によって「人間」の概念を現わそうとする。人間とは「世の中」自身であるとともにまた世の中における「人」である。従って「人間」は単なる人でもなければまた単なる社会でもない。「人間」においてはこの両者は弁証法的に統一せられている。かかる「人間」の概念を我々は明白に anthrōpos, homo, Mensch などから区別して用いるのである。Mensch と Gemeinschaft とを何らか別個のものとして考えるということは、我々の「人間」の概念においては許されない。だから我々の「人間」の学は決して Anthropologie ではない。アントロポロギーは厳密に「人」の学である。共同態から抽象した「人」を肉と霊との二方面から考察するのがそもそもアントロポロギーの初めであり、従って身体論と精神論とがその課題の全部であった。自然科学の勃興は身体論を発展せしめてアントロポロギーの名を占領し、それを動物学の一分科たらしめた。「人類学」と訳せられるものがそれである。精神論は心理学として哲学的認識論に発展し、アントロポロギーの名を捨てた。だから哲学の立場において再び「人」を問題とし、身心の関係やあるいは一般に「人とは何であるか」を考究する場合に、人は「人類学」への区別から哲学的アントロポロギーと呼ばざるを得なかったのである。しかしこのような哲学的アントロポロギーといえども、「人間」の一つの契機たる「人」を抽象して取り扱うという点においては変わりはない。それはまさに「哲学的人類学」と呼ばるべきものであって、人間学ではないのである。

我々は倫理の概念を規定するに当たっておのずから「人間とは何ぞや」という問いに押しつけられた。そこで人間という言葉の意味に従って、人間の概念をanthrōposと区別しつつ作り上げた。ところで人間が「世の中」であるとともに「人」であると規定せられる場合の「世の中」とは何であるか。人の「間」がいかにして「世の中」であるのか。「人間」が単なる「人」と区別せられるのは、この「間」の意味に掛かっている。そうしてそれはまだ明らかにせられていない。倫理の概念は「人間共同態の存在根拠」を我々に指示した。今やその共同態、人間関係、間柄が何であるかを問わねばならぬのである。

三　「世間」あるいは「世の中」の意義

我々は前に人間という言葉の本来の意義が「よのなか」「世間」であるということを指摘した。その「世」とは何であり、「中」「間」とは何であるか。ここでも我々は、言葉の意味を手がかりとして、明白な概念を作りたいと思う。

世間という言葉を日本にもたらしたのは漢訳経典である。だからそれは最初仏教哲学における一定の概念を担った言葉であった。この哲学の根本命題は「世間無常」である。世間は無常という賓辞に限定せられたものとしてのみ把捉せられる。かかる事情の下に日本人は、千数百年前に、「世間虚仮《せけんこけ》、唯仏是真《ゆいぶつぜしん》」(上宮聖徳法王帝説。天寿国繡帳銘文)という意味において世間の概念を受け取った。

かかる世間の概念はシナの仏教学者によって次のごとく説明せられている。「世」は「遷流《せんる》」の義である。それは刻々として他のものに転化し、絶えず破壊し得られるものであるがゆえに世と呼ばれる。しかしただ破壊し得られるのみであって何ら本質的なものでないならば、それは一つの世であることはできない。従ってそれは対治《たいじ》し得られるがゆえに世と呼ばれるのである。すなわち不断の転変に対立し、刃向かい、そうしてそれに打ち克ち、支配することができるゆえに、一つの世であり得るのである。しかしまた転変が対治され、遷流なき境が現われるならば、それは真理であって世ではない。従って対治し得られるものが対治せられず、対治によって現わるべき真理がいまだ隠されているゆえに、世と呼ばれるのである。かくのごとく「世」の意義は、破壊性・対治性・覆真性の三つの契機において規定せられる。「世間」とはかくのごとき世の中に堕していることである。(成唯識論述記)言い換えれば遷流からの脱却の可能性を保持しつつも遷流のただ中に堕在《だざい》することである。

この世間の概念は、「世」の無常的性格を分析して三つの契機、すなわち不断の自己否定と、その自己否定をさらに否定し得る可能性と、及びその可能性の隠覆的性格とを取り出したという点において、きわめて興味深いものである。しかしかかる世の中に堕在することは、人の迷妄的存在を意味するのみであって、人の社会というごとき意味には毫も触れないかのごとくに見える。が、一歩を進めて世間の無常が「苦」として把捉せられる点に注意するならば、「世」そのものが人の社会的存在として考えられていることは直ちに明白となる。なぜなら自然現象の時間的推移は「苦」ではない。転変が直ちに苦となるのは人間関係においてである。別離を欲せざる愛において別離が現われ、会うを欲せざる怨憎において会わざるを得なくなる。だから愛別離苦、怨憎会苦《おんぞうえく》というごときが苦の最も大いなるものとせられる。かく見れば「遷流への堕在」としての世間の概念は、人間関係をその時間的性格において強調しつつ捕えたものと解することができる。世間無常という命題が特に著しく印象するのは、人間関係の破壊性である。

しかし世間と訳せられた原語 loka は、本来「遷流」の意味よりもむしろ「場所」の意味を持ったものである。まず初次的には「見ゆる世界」としての世界を意味し、次いで一般に天地万物の場所・領域の意となり、時には宇宙の意にも用いられる。かかる世界や場所は、ただに物質的なるもののみならず、非物質的なるものの世界や場所でもあり得るゆえに、「客体的なる物がおいてある場所」として限定せられた「空間」という意味は、loka の意と相覆うものでない。特に近代科学の特徴たる「空虚な空間」の概念はここには縁がないと言わねばならぬ。なぜなら場面、領域、界などと訳せられ得るような loka の領域的意味も、決して、そこにおいて起こる現象を捨象し去った単なる空間あるいは場所をさすのではなく、あくまでもその現象を実質的に含みつつ、しかもそれをその特殊性において界限するにほかならぬからである。たとえば欲の現象は欲界 kāmaloka で起こるが、しかしこの欲界は欲の現象がそこにおいて起こるべき場面として欲の現象に先立ち存するというわけではない。欲の現象が無欲の現象に対して己れを区別し、まさしく欲の現象としてそこに存立するところの領域、それが欲界である。畜生界、人間、天上というごとき loka の区別は、かかる意味において行なわれている。我の意識の立場において「見ゆる世界」を考えれば、畜生と人とは同じ世界に住むと言ってよい。しかし loka の区別の立場においては、「畜生界」と「人の世界」(人間)とは全然別の世界である。我の意識において見られる畜生は、あるいは家畜として、あるいは猛獣として、人の世界の内容をなすものに過ぎず、従って畜生界の一員なのではない。我々が自ら畜生に生まれ代わることによって、すなわち主体的に畜生となることによって、初めて畜生界に入り得るのである。しからば畜生界、人間というごときlokaは、内容的に充実せられた主体的存在の特殊な界限、特殊な領域であって、客観的なる空虚な場所というごときものでないことは明らかであろう。しかもそれはあくまでも場所であり領域であって、単なる遷流ではない。もし遷流が人間関係をその時間的性格において捕えていると言われるならば、右のごとき場所の意味において、lokaが特に衆生の生の関係の空間的性格を現わしていると言ってよいであろう。

もちろんインドにおいてもlokaを遷流の義に解する立場がないのではない。仏教はlokaの無常を根本命題とする。従ってこの命題が強く働くところでは、無常がlokaという概念の根本的規定とせられる。だから後代の注訳家は、「lokaはlujati(可毀壊)を意味する」というごとき、語源的に無理な説明をさえ加えた。これが「世」とは可毀壊を意味するという前述のシナの注釈の典拠である。だから仏教の立場に立つ限り、本来場所・領域を意味するlokaという言葉が、その無常性の強調によって特殊の概念に化せられたと言ってよいのである。

仏教によって日本にもたらされた世間の概念は以上のごとくその本来の空間的意味を保持しつつも主としてその時間的性格において捉えられているものである。だからそれが日常生活の用語となってからも、無常性は世間という言葉の当然の意味であった。しかるに日常生活の用法は、この当然の意味よりもむしろその背後にある場所的な意味を強く発展せしめた。同じくlokaの訳語たる「世界」という言葉のごときは、「世」という言葉の持つ時間的な意味を全然ふり落としてしまったように見える。「世間」はそれとともにlokaの持つ「見ゆる世界」という意味を「世界」に譲り、主として「主体的存在の領域」「生の場面」というごとき意味のみを担う語となってくる。この発展が我々にとってきわめて興味深いのである。

lokaの訳語として「世」の語が選ばれたのは、「世」が世代というごとく時を意味することにもとづくかも知れない。しかし「世」はまた人の社会を意味する語である。棄世、遁世とは人の社会から脱出することであり、世情、世態とは人の社会の有りさまである。しかもその社会は、世途、世路というごとく何らか場所的なものとして理解せられている。日本語の「よ」はちょうどそれに当たる語として用いられる。すなわち一方においては「代《よ》」であるとともに、他方においては世《よ》に出る、世《よ》を捨てるというごとく社会を意味している。世渡り、世すぎはこの社会において生きて行くことである。かく世が人間の共同態を意味するがゆえに、平安朝の文芸は世という言葉によって男女の間柄をさえ意味させている。このような世の意味は、遷流と抵触するものではないが、しかしまた遷流の内に含まれてもいない。そうして日常の用法における発展はこの方面において行なわれたのである。

右のごとく世の一語によってもすでに人間の共同態が意味せられている。しかるにこの語と結合せられた「間」及び「中」という言葉がそれ自身また人間関係を意味しているのである。もちろんここには明白な相違もある。世はまず第一に「代」であり「時」であった。それに対して「間」はまず第一に空間的な間であり、「中」も空間的な中である。机と机の間、山と川の間、天と地の間、あるいは水の中、都会の中、世界の中というごときである。しかし世が時の意と並んで社会を意味するように、間、中もまた空間の意と並んで人間関係を意味する。男女の間、夫婦のなか、間を距てる、仲違いする、等の用法が示すごとく、それは交わり、交通というごとき人と人との間の行為的連関である。人は行為することなしには何らの「間」「仲」をも作り得ぬ。が、また何らかの間・仲においてでなければ人は行為することができない。だから間柄と行為的連関とは同義なのである。このような間・仲は、机の間、水の中というごとき静的な空間ではなくして、生ける動的な間であり、従って自由な創造を意味する。それが人間の共同態なのである。

かくのごとく世も間も中もともに単なる時間的あるいは空間的意味から脱して人間共同態や人間関係を意味するに至るとすれば、両語を結合して「世間」あるいは「世の中」という場合の世・間・中はいずれの意味に用いられているのであろうか。遷流の中に堕在するといわれる場合には世はその時間的性格において、間はその空間的性格において用いられている。それは流れの中に堕ちるというと同じ使い方である。しかし世間に知られる、世の中を騒がせるというような用法においては、まず第一に両語が結合して一つの意味を現わしている。それは知る主体であり、また騒ぐ主体である。だから世間が承知せぬ、世間の口がうるさい、あるいは世の中が湧き返る、世の中がしずまる、などと言われる。また我々が他の人に対してある態度を取る場合と同じように、世間をはばかる、世間に申し訳がない、などとも言われる。かかる場合に世間・世の中が人の社会を意味することはきわめて明白であり、従ってその間や中が社会という一つの場面の中を意味するのでないことも明らかに看取せられる。世の中に出る、というような言い現わしでも、水の中に突き出ているという用法における中ではない。なぜなら我々は全然同じ意味を社会に出ると言いかえ得るが、社会の中に出るとは言わない。(もし中にを用いるならば社会の中にはいると言わねばならぬ。) かく見れば世間・世の中は、世及び間・中がそれぞれに有する社会の意味を、重ねて強めた語として用いられているのである。

実際日本においては「社会」という訳語が用い始められるまでは主として世間・世の

中という言葉によって社会を言い現わしていた。そうしてこれらの言葉が社会という言葉よりも劣っているわけでは決してないのである。シナにおいては郷民為社会（近思録）などと言われるごとく、宗教的に結びついた小さい村落共同態が社会と呼ばれた。社はもと土の神であり、その祭儀が集団の根柢となったのである。しかしこの宗教的な意味のほかには社会は主として「団結事をともにする」ところの集団の意味をのみ現わし、社会の時間的・空間的性格には何ら触れるところがない。しかるに世間・世の中という言葉は、右のごとき社会の意を現わしつつ、なおその上に古い伝統に従って何らか場所的なもの、絶えず推移するものという意を含んでいる。世の中は行為的な連関として必ず「間」「中」というひろがりを意味するとともに、また同じく行為的な連関であるがゆえに必ず移り変わるものである。だから人々が社会を世間・世の中として把捉したときには、同時に社会の空間的・時間的性格、従って風土的・歴史的性格をともに把捉していたということができる。しかもこれらの意味は世間・世の中という言葉にとってはむしろ先立って自覚せられたものであり、社会としての意味の方が後に発展したものなのである。

世間・世の中という言葉の右のごとき意味は、人間存在の歴史的・風土的・社会的性格を捉えたものとして十分尊重に価する。しかもそれが人間という言葉の本来の意義であったのである。そこで我々は右のごとき言葉の意味の上に世間・世の中の概念を作り上げる。世間あるいは世の中とは、遷流性及び場所性を性格とせる人の社会である。あるいは、歴史的・風土的・社会的なる人間存在である。

我々は人間の概念を、世の中自身であるとともにまた世の中における人であると規定した。今や右のごとく世間・世の中の概念が定まるとともに、我々は人間のこの側面を人間の世間性として言い現わすことにする。それに対して他の側面は人間の個人性と呼ばるべきであろう。人間存在はこの両性格の統一である。それは行為的連関として共同態でありつつ、しかもその行為的連関が個人の行為として行なわれる。それが人間存在の構造であり、従ってこの存在の根柢には行為的連関の動的統一が存する。それが倫理の概念において明らかにせられた秩序・道にほかならぬ。

しかしそれならば倫理は「存在」の根柢であって「当為」ではないのであろうか。一体「存在」とは何か。また「人間存在」とは何か。Sein と Sollen との区別によって言われることは、ここには通用しないのであろうか。

四　「存在」という言葉の意味

存在という言葉が現在 Sein の同義語として用いられていることは周知の通りである。

しかしかく用いられているにもかかわらず、存在という言葉の意味とSeinという言葉の意味とは相覆うものでない。Seinは主辞と賓辞とを結ぶ繫辞(Copula)であり、従ってロゴスにおいて中心的位置を占める。Seinが論理学の中心問題となったのはそのゆえである。しかるに存在という言葉は繫辞には決してならない。S ist Pを我々は「SはPである」あるいは「SはPなり」と言い現わす。すなわちSとPとを結びつけるのは「である」「なり」等であって「存在」ではない。存在がSeinにあたるのはただいわゆる存在判断の場合のみである。Ich binは我れがあるあるいは我れ存在すと訳することができる。だから判断をすべて存在判断に帰せしめる時にのみ存在が一般にSeinに当たると主張することができる。すなわち「SはPである」とは「SはPとして存在する」との謂いであるとするのである。しかしかくすれば、存在をSeinの同義語とすることはすでに一定の論理学的立場を表示することになる。そうしてこのことはまさに存在がSeinの同義語でないということの証拠である。

　繫辞としての意味をも含むSeinの訳語としては、我々が繫辞として用いつつある言葉、すなわち「である」「なり」などの根幹をなせる「あり」を選ぶべきであった。それは名詞として使われることのまれな言葉ではあるが、しかし「ありのまま」というごとき用法においては現在なお生きて用いられている。しかもこの「あり」は繫辞的用法においては「である」「なり」等となり、事実の existentia を現わす場合には「がある」「あり」の形を取る。従って繫辞的 Sein を問題とすることは「である」を問題とすることであり、思惟に対立する Sein を問題とすることは「がある」を問題とすることである。かく「あり」という言葉自身が二つの方向に分化していることは、かかる分化を示さない Sein よりもかえって優れていると言ってよい。Sein の問題が単に論理学の問題とせられたがためにオントロギーの問題としての本来の意義を失ったとか、ヘーゲルが論理学の中へオントロギーの問題を回復したとか、と論ぜられるのは、みな Sein が分化しておらないからである。論理学は「である」を取り扱いオントロギーは「がある」を取り扱う、しかも両者は根源的な「あり」にもとづいている。だからこの根源的な「あり」を取り扱う基礎的オントロギーがなくてはならぬ。かく言い換えれば問題は一応明白となるように思われる。

ところで我々が「がある」に当てて用いている漢語は「有」である。元来シナ語は繫辞の Sein に当たる言葉を有しないのであるから、有は決して「である」の意味を含まない。有に対する言葉は無であるが、これも「がない」であって「でない」ではない。(漢語の「でない」は非である。)そこで「がある」を取り扱うオントロギーは「有の学」あるいは「有論」にほかならないのである。一切の「がある」、すなわち一切の

「有」に関して、その有り方を明らかにし、それによって哲学問題を解こうとするのが有論である。

しかしかくオントロギーを「有論」として規定するとともに、我々はこの「有」という言葉に導かれてさらに一歩を進めることができる。なぜなら「有」は「がある」を意味すると同じ強さでまた「もつこと」(Haben)を意味するからである。我が有に帰すというごとき用法がそれを明白に示している。所有は有る所のものを意味するとともにまた有《も》たるるものをも意味するのである。これと同様のことは、ハイデッガーがギリシア語のousiaについて論じている。ousiaはもと所有物を意味する語であって、その意味はアリストテレスにおいてもなお保持せられている。そのousiaが同時に「有る所のもの」である。だから有る所のものとは手の前にあって使えるものの謂いにほかならぬ。かかるものは使えるように身近にもたらされたものである。従ってousiaは身近に持ち来たすというようなかかわりをさし示している。かかる解釈によって彼はousiaやその訳語たるessentiaを交渉的存在の中へ連れ込むのである。有もまたきわめて顕著に右のごとき解釈を誘い出すと思われる。有為、有意、有志、有罪、有利、有徳、等の用法において、有の下に来るものは有るとともに所有である。有為の士は為すあるの士であるとともに為すことを持つ士であり、有利なる事業は利ある事業であるとともに利を持つ事業である。そうしてその有つのは人間であり、有るのは人間においてである。有の根柢には必ず人間が見いだされる。金があるとは人間が金を有つのであり、従って金は所有物である。有つという人間のかかわり方にもとづいてのみ金が有るのである。

もちろん有は物についても言われる。有形の物というごときである。角ある石は角を有つ石である。しかしここでは石が有つという行為をなし得ると認めているのではない。ただ有つという人間のかかわり方を石に移し、擬人的に言い現わしたに過ぎぬ。

右のごとく「がある」ことは人間が有つことであるとすれば、人間があることはいかに解すべきであろうか。人間自身は人間以外の何者にも有たれるのではない。市有レ人は市に人があるを意味するとともに市が人を有するを意味する。しかし市は明白に人の集まりであり人間である。天あるいは天子が人間を有つと考えるにしても、それらは人間の全体性を反映したものであって、人間以外のものではない。逆に人間が全体性を持つ、すなわち天あるいは神を持つのである。だから有つという行為をなし得るのはただ人間のみである。従って人間があるのは人間が人間自身を有つことであると見られなくてはならぬ。そうしてまさにこの点に人間があることの特徴が存する。

一切の「がある」は人間が有つことを根柢とし、そうしてかく物を有つ人間があることは人間が已れ自身を有つことにほかならぬとすれば、「がある」の学である有論は究極において人間が已れ自身を有つことにまで突き入らねばならぬ。そうして人間が已れ自身を有つことを言い現わす言葉がまさに「存在」なのである。

「存」という言葉は、現在最も日常的には、「存じております」というごとく、あることを心に保持するの意に用いられている。そうして存のこの意味はきわめて古いのである。孟子(離婁《りろう》)に、人之所以異於禽獣者幾希、庶民去之、君子存之〔人の禽獣に異なる所以の者幾《ほとん》ど希《まれ》なり。庶民は之《これ》を去り、君子は之《これ》を存す〕という句がある。人が禽獣ではなくしてまさに人であるゆえんを、君子は保持しているのである。朱子はこれに注して、衆人はこれを知らずしてこれを去り、君子はこれを知ってこれを存すと言っている。すなわちこの保持が自覚的保持であることを強調するのである。このことは存が主体的作用であり、しかも已れ自身にかかわることを示していると言ってよい。言いかえれば存は単なる「がある」ではなくして、自覚的に有つことなのである。かかる意味は同じく孟子(告子《こくし》)に、孔子曰、操則存、舎則亡、出入無時、莫知其郷、惟心之謂与〔孔子曰く、操《と》れば則ち存し、舎《す》つれば則ち亡《ぼう》す。出入《しゅつにゅう》時無く、その郷《きょう》を知ること莫《な》きは、惟《ただ》心の謂いなるか〕とあるによっても知られる。心は把持すればあり、捨つればなくなる。心においては把持が則ち存なのである。だからまた、君子所過者化、所存者神〔孟子・尽心、君子の過ぐる所の者は化し、存する所の者は神なり〕と言われる。君子の経歴内容は教化であり、自覚内容は神妙不測であると嘆ずるのである。この「所存」の語は現在においてもなお生き残っている。存が作用であるに対して所存はその志向対象である。すなわち自覚的に有たるるものである。

　このような「存」が己れ自身の保持を意味することは言うまでもない。それは忘失に対して把持を意味し、亡失に対して生存を意味する。すなわち主体の作用・行為であって、客体があることではない。が、主体は己れ自身の把持において対象的なるものを把持する。所存は自覚内容としてはノエーマ的である。そのようにまた人間は物をも存することができる。かく人間に保存せられたものは、それによって有り続けるがゆえに、そこから客体的なものが存するというごとき用法も導かれてくるのである。が、存の本来の意味が「を存する」であって「が存する」でないことは、存身、存生、存命、存録等の用法によっても知られるであろう。

　かくのごとく存は主体の行動として己れ自身及び物を有つことを意味するが、まさにそのゆえにまた存は明白に時間的性格を帯びるのである。有つことは失うことを含み、把持は忘失を含む。危急存亡の秋という言い現わしにおいては、存が時間的推移としていつ亡に転ずるかわからぬという意味が強く現わされている。存生、存命、生存というごとき存が時間的意味を含むことは覆うべくもない。そうしてそれは存が主体の行動を意味している限り当然のことなのである。

存が時間的意味を含むに対して「在」は古来「にあり」として特徴づけられている。すなわちある場所にあることを意味するのである。市有㆑人ならば人在㆑市である。ことに在宿、在宅、在郷、在世というごとき用法は、人が宅《うち》にいる、この世に生きている、というごとく「にいる」によって現わされ得るような、主体的場所的な意味を示している。山に在る石は山にいる石とは言われ得ないが、主体的に行動する者がどこかに在るのはすなわちそこにいるのである。ここに在が「去」に対すると言われることの意味が存する。去るのは自ら去り得るものが去るのであって、山に在る石は自らその場所を去ることはできない。従って自由に去来し得るもののみがある場所に在り得るのである。「不在」はある人がどこにもいないことを（すなわちその人がないことを）意味するのではなく、単にただある場所にいないことを意味するに過ぎない。

ところで在の指示する場所的な意味は単に空間的な場所のみに関するのではない。在市、在宿、在宅、在郷、在世というごとき上掲の例が示しているごとく、それは社会的な場所でもあり得る。在世のごときは前節に説いたごとき世間に生きていることである。そこで在は、主体的に行動する者が何らかの人間関係においてあることを示唆すると言わなくてはならぬ。在宅とは家庭の中にいることであり、在郷とは村落共同態の中にいることである。（在郷軍人とは軍隊の中にいるのでなくして軍隊以外の共同態の中にいる軍人を意味する。）従って自由に去来するとはかかる人間関係の中を自由に去来すること、すなわち人間の間柄における実践的交渉を意味するのである。かかる実践的なかかわりなくしては何人も社会的な場所にいることはできない。かく見れば在とは人々がそれぞれの社会的な場所に去来しつつあることであり、従って「人間」が己れ自身を有つことである。

もとより在は物についても言われ得る。しかし物がある場所に在るのは人間がそれをその場所において有つことである。場所の限定は人間が物に与えたのであって、物自身が限定したのではない。石が山に在ると言われる。しかし山という場所は人間が規定したのである。だから物の在は人間の在に帰せられねばならぬ。かく見れば「にあり」としての在の本来の意味は社会的な場所にいるという前述の意味にほかならぬと考えてよい。

以上のごとく「存」はその根源的な意味において主体の自己把持であり、「在」は同じく根源的にその主体が実践的交渉においてあることを意味するとすれば、「存在」が間柄としての主体の自己把持、すなわち人間が己れ自身を有つことの意であるのは明らかであろう。存が自覚的に有つことであり在が社会的な場所にあることであるという点を結合すれば、存在とは「自覚的に世の中にあること」にほかならぬとも言える。しかしその世の中にあることがただ実践的交渉においてのみ可能である点を強調すれば、存在とは「人間の行為的連関」であると言わねばならぬ。これが我々の存在の概念である。従って我々が存在をいうとき、それは厳密に人間存在を意味している。物の存在をいうのは存在の概念の擬人的転用に過ぎぬ。しかもその転用は存在の本義から離れてただ有をのみ意味するようになる。我々は存の時間的意味と在の場所的意味に注意したが、物の存在が言われる時にはかかる意味さえも含まれておらない。「机が存在する」とは机が今この場所にあることを意味しているのではなく、単にただ「机がある」ということである。この「がある」を存在すると言いなおす必要は実はなかったのである。時にはかかる言いなおしさえも不可能である。たとえば「今日は金がある」ということを「今日は金が存在する」と言い現わす人はないであろう。

五　人間の学としての倫理学の構想

以上によって我々は、倫理、人間、世間、存在という四つの根本概念を規定した。倫理とは人間共同態の存在根柢であるという最初の規定は、ここに至ってようやく明らかにせられたと信ずる。倫理学はかくのごとき倫理の学であり、従って人間存在の学でなくてはならぬ。

かくいうとき、この人間存在が当為に対せしめられるSeinでないことはもう明らかであろう。人間存在は人間の行為的連関であるがゆえに自然必然性において可能な客体のSeinではない。それは行為として常にいまだ実現せられざることの実現に向かっている。が、またそれは人間の行為的連関として、単に主観的なる当為の意識というごときものでもない。人間の世間性と個人性とは人間の行為を共同的たるとともに個人的たらしめる。それは個人の行為が単に個人的主観的たるのみならず超個人的な根柢を持つことを意味するとともに、また共同態の行為が単に超個人的たるのみならず必ず個人の行為として表現せられることを意味している。主観的なる当為意識は右のごとき人間存在が個人の意識に反映したものと言ってよい。

我々はSeinとSollenとがいずれも人間存在から導き出されるものとして取り扱われ得ると考える。人間存在は両者の実践的な根源である。だから人間存在の根本的な解明は、一面において客体的なSeinがいかに成立し来たるかの問題に答える地盤を、他面においてSollenの意識がいかにして成立するかに答える地盤を、提供すると言ってよい。前者は人間存在から物を有つことへ、物を有つことから物があることへ、「有の系譜」をたどることによって答えられる。後者は人間存在の構造がいかに自覚せられるかをたどることによって答えられる。人間存在の学はこの二つの方向に対していずれも充分な地盤を与え得なければならぬ。

しからば人間存在の学は人間存在をすべて観念的なるものの地盤たるとともにまた自然的なる有の地盤たるものとして把捉しなくてはならない。かくのごとき存在において人間は、個として現われつつ全体を実現する。その個は主体的存在から抽離することによって肉体となり得るような、従って肉体に対する主観的自我となり得るような個であり、その全体はかくのごとき個の共同態として、その主体的存在から抽離するときに、客観的な形成物としての社会となり、従ってまた主観的自我の間の相互作用となり得るような全体である。が、主体的存在としてはそれはあくまでも実践的行為的であって、いまだ有でもなければ意識でもない。このような存在は、個であることを通じて全となるという運動においてまさに存在なのであり、従ってかかる運動の生起する地盤は絶対空である。すなわち絶対的否定である。絶対的否定が己れを否定して個となりさらに個を否定して全体に還るという運動そのものが、人間の主体的な存在なのである。ところで一切の人間共同態を可能ならしめているものは、まさにこの運動にほかならない。それは一般に間柄を作るためのふるまい方として、行為的連関そのものを貫ぬいている。それがまさに倫理である。だから人間存在のなかにはすでに倫理があり、人間共同態の中にはすでに倫理が実現せられている。

倫理学はかくのごとき倫理を把捉しなくてはならぬ。それがいかにしてなされ得るかは次章の問題であるが、とにかく人間存在において主体的実践的に実現せられたものを、一定の仕方で学問的意識にもたらせばよいのである。従って「倫理」の学は同時に「人間存在」の学でなくてはならぬ。それが「人間の学としての倫理学」なのである。

このような人間の学は、一面においてはまた人間の自覚でもある。人間が存在的に実現するものをここでは反省的意識において反復する。従って倫理学は人間の自覚の体系化であると言ってよい。

そこで我々は人間の学としての倫理学がいかなる課題を持つかをおおよそ定めることができる。倫理学が人間の学である限り、「世間」たるとともに「人」であるという人間の根本構造は、また倫理学の第一の問題でなくてはならない。この人間存在の二重性格の内にあらゆる実践の根本原理が見いだされるのである。ところでこの実践において実現せられる人間共同態とはいかなるものであろうか。そこに第二の問いとして人間の世間性が取り上げられねばならぬ。世間や存在の概念が示している空間性・時間性の問題は、ここで根源的に取り扱われる。そうしてそれによって良心や自由や善悪の問題が解き得られるのである。これは一見奇妙に感ぜられるかも知れない。しかし人間の存在構造としての空間性と時間性とは、ちょうどそのような実践的意義を担っているのである。さて人間の世間性の解明は、人間の孤立的存在が何であるかを明らかにする。が、それとともに人間の共同態がいかにこの孤立的存在に媒介せられているかもまた明らかになる。そこで我々は共同態のさまざまなる層を捕え、それに沿うて実践の原理の実現せられる段階を追究することができる。かかる人間の連帯性の構造が第三の問題として取り扱われる。責任、義務、徳などの問題が根本的に解かれるのはここである。ところでかく共同態の諸層が明らかにせられるとともに、人間の空間性と時間性とは人間の風土性及び歴史性として己れを現わして来る。共同態の形成は風土的・歴史的に特殊な仕方を持っている。言いかえれば実践の原理の実現せられる段階は風土的・歴史的に限定せられる。これが第四の人間の特殊性の問題である。国民道徳の原理問題はここで解かれることになる。

これらの課題を人間存在の根本構造から解くこと、それが人間の学としての倫理学の仕事である。

我々はこのような構想を、倫理、人間、世間、存在というごとき言葉から導き出した。我々は一つの民族の体験を客観的に結晶させたものとして言葉を重視する。だから右のごとき構想が単に恣意的なものであるとは考えない。しかし我々はさらに倫理学の歴史を通じて、この構想がすでに古くより哲学者の間に動いていたということを証示し得ると思う。そこで我々は、代表的な数人の哲学者を捕えて、彼らの言説の核心に、人間の学としての倫理学の構想を見いだそうと試みる。それによってこの構想は歴史的な支持を受けることができるのである。

六　アリストテレスの Politikē

我々は前節において我々の倫理学の概念を作り上げた。しかるに他方においては、倫理学は単純に Ethics の同義語として通用している。人は倫理学の語義を問うに当たって、平然として ēthikē, ēthos, ethos というごときギリシア語の意味を取り扱い、何ら怪しむところがない。しかし我々の倫理学の概念は果たして Ethics と相覆うものであろうか。我々はそれを Ethics という言葉の出場所であるギリシアにさかのぼって考えてみたいと思う。

アリストテレスは体系的な Ethics を書いた最初の人と言われている。Ethica Nicomachea がそれである。[*] しかしこの Ethica と呼ばれている著書は、アリストテレス自身によってそのように命名せられたわけではない。彼がこの著書において取り扱うのは politikē なのである。バーネットによれば、[**] politikē と区別して ēthikē を一つの学として立てるというような考えは、彼の著書を通じて全然見いだすことができない。ēthikē という言葉を名詞として使った例すらも彼の著書には一つもない。アリストテレスはただ一つ politikē を書いた。それを後の人が Ethica と Politica との二つの書に分けたのである。もっとも、かく分けたこともゆえなきではない。Ethica と呼ばれる部分と Politica と呼ばれる部分とは著作の年代を異にしており、外見上同一の著書の部分とは見られぬ。しかも内容から見れば、Ethica はあらゆる点において Politica を待望し、Politica はあらゆる点において Ethica を前提としている。Ethica は人にとっての善(よきこと)がいかにして実現せられるかを問う。そうしてその答えは、統治によって性格が作り出され、性格によって人の善をなす活動が可能になる、ということである。Politica はこれを受けて統治や国家の制度のことを議論する。両者を通じて一つの methodos が形作られている。この全体がアリストテレスにとっては politikē なのである。だから著者自身は、前半を ēthikē と呼ばないと同様に後半をも politikē と呼んではいない。それは大きい包括的な politikē の一部分たる peri politeias である。すなわちポリス的人間生活、もしくはポリス的制度組織に関する部分、にほかならぬのである。

＊　なお他にアリストテレスの名において Magna Moralia 及び Ethica Eudemia が伝わっている。しかしこれらは彼の自作ではあるまいとせられている。もっとも Jaeger, Aristoteles は Eth.

Eud. を若年の作、Eth. Nic. を晩年の作とする。

** J. Burnett, The Ethics of Aristotle, p. XXVI-XXVII.

かく見れば、Politik(政治学)に対立せるEthik(倫理学)というごときものは、アリストテレス自身にとっては存しない。従って近代の意味でのEthics、すなわち政治学に対立せるEthicsをアリストテレスが初めて書いたということは、厳密に言えば間違いである。なるほど彼はEthicaと呼ばれている部分において個人の視点から人の善を考察している。そうしてそれがEthicsの模範となった。しかし彼自身はこれだけで独立した学となり得ると考えたのではない。この部分はポリスの視点からの取り扱いと相俟って初めて一つの研究になる。このことを彼はEthicaと呼ばれている部分の末尾において明白に断わっている。すなわち彼がここに研究するのは、個人及び社会組織の両面から考究して初めて完成するところの、「人の哲学」(hē peri ta anthrōpeia philosophia)なのである。(Eth. Nic. 1181b15.) そうしてこの「人の哲学」がまさに我々の人間の学としての倫理学にあてはまる。このことを我々はさらに明白に把捉したいと思う。

アリストテレスは右のごとき「人の哲学」をpolitikēと呼んだ。politikēとは、ポリスの人(politēs)に関することの意味である。ここに彼が「人」をば単に孤立人としてでなく、社会における人として把捉していることが、明白に示される。ギリシア人は社会を言い現わすに通例ポリスという言葉を使った。ethnos はいまだ十分に組織せられざる人の群れである。koinōnia は社会よりももっと緊密な結合、communion をさしている。だから to politikon や hoi politai がちょうど community を意味することになる。従って「ポリスの人に関すること」は、社会の全体性における人の学である。かつてチェースは politikē を「社会の学」(Science of Society) と訳したが、それは決して大胆すぎはしない。かくアリストテレスにおいて「人」(anthrōpos) の哲学が同時に「社会」の学であるところに、人間存在の個人的・社会的なる二重性格が把捉せられていると言ってよい。従って彼の「人の哲学」は、内容的には「人間の学」となっているのである。

アリストテレスはかかる意味の politikē を、すなわち「人間の学」を、真実の主要技術(arkhitektonikē)として取り扱った。個々の技術(tekhnē)はそれぞれ目的(telos)を持ちつつ、一は他の手段としてそれに服属する。手綱やその他の馬具を作る技術は乗馬の技術に隷属し、乗馬の技術は他の軍事行動とともに戦術に隷属する。かかる場合上位の技術が arkhitektonikē と呼ばれるのである。従って上位技術の目的は他の目的を己れに隷属せしめる。アリストテレスはこの関係を学問に適用し、実践の目的の最高なるものを認識しようとする学を主要技術と呼んだのである。あらゆる他の学が目ざすところの目的(すなわちよきこと)は、すべてこの主要技術が目ざすところの目的に隷属する。従って「人間の学」の目ざすところは、最高の目的、最高のよきこと、すなわち人間の善である。アリストテレスはこれを人の善(anthrōpinon agathon)と言い現わすが、しかし個人の視点からのみ見ているのではない。彼はいう、ポリスにとっての目的と個人にとっての目的とが同一である場合でも、ポリスの目的はより偉大でありより完全である。個人のみの目的を遂げるのも価値あることではあるが、民族のためあるいはポリスのために目的を遂げる方が、一層美しく一層貴い。かかる目的こそ人間の学が追求するところである。(Eth. Nic. 1094a25–b11.)

アリストテレスの Ethica と呼ばれる著書は右のごとき理念の下に書かれた。それは人間の最高目的の学であって、個人にとっての善の学なのではない。しかるにこの書が個人意識における善の問題を扱うものとせられるに至ったのは、一つは彼が考察の便宜上個人的存在を抽象して取り扱うことから出発しているがゆえである。

前説のごとく彼によれば arkhitektonikē たる「人間の学」が目ざすのは、最高の目的・最終の目的である。ところで最終の目的は他の目的の手段たることなきものであるがゆえに、それ自身において満たされるものでなくてはならぬ。しかし「自足(autarkeia)とは、独りの人・孤独の生を送る人にとって足るという意味ではなく、両親、子供、妻、一般に友人たちやポリスの人(すなわち社会)、にとって足るということである。なぜなら人は社会人(politikos)として生まれているから。しかしここには何か制限が置かれなくてはならない。祖先や子孫や友人の友人やに押しひろめて行けばきりがないことになる。……で、ここには自足ということを、孤立させられても生を望ましきもの足れるものたらしめることとして定義する。それは幸福にほかならぬと思う。」(Eth. Nic., 1097b8-16.) ここに彼は人間の最高目的が単に個人を自足せしむるものではなくして人間を自足せしむるものたるべきことを明白に認めている。しかも彼は人間の自足の問題が捕えどころなきことを主張し、考察の方法として個人的存在を抽出したのである。このことは人間存在の二重性格からただ一つの性格をのみ引き離して取り扱うことを意味する。従ってそれは方法上の抽象であって、現実にかかる個人的存在を認めるのではない。しかるに古代においてはヘレニスティックの世界国家が、近代においてはブルジョワ社会が、個人主義的な思想を産み出すとともに、右の方法上の抽象があたかも現実においてそうであるかのごとくに見られて来たのである。それとともにこの抽象的個人的存在をもとの二重性格に返して考えるところのPoliticaが、あたかもEthicaと独立のものであるかのごとくに取り扱われてくる。これがEthicaを誤解せしめたゆえんにほかならない。

もっとも我々は、人間の学を試みるに当たって、アリストテレスのごとくまず個人的存在を抽出しなければ出発し得られないかどうかを問題とすることができる。プラトンはそうは考えなかった。アリストテレスがそう考えたのは、孤立させられた人においても一つの自足的完結態を認めるところの、彼の個人主義的傾向に基づくとも見られよう。この傾向はギリシアの前四世紀の特徴であり、来たるべき三世紀の世界人(kosmo-politēs)の立場を先駆すると言われている。この点において彼は前五世紀の思想、特にその代表的な継承者としてのプラトンと、明らかに異なるのである。プラトンにあっては、個人的人格の道徳的価値は強調せられはするが、しかしその個人は何らか普遍的な力への参与によってのみその意義を獲得するとせられる。個人を初めて発見したソクラテスが、その個人の本質を理性の内に、すなわち概念の認識、普遍者の認識の内に、認めたごとく、プラトンもまた個人の本質内容をただ普遍からのみ理解した。しかるにアリストテレスは、この方向を逆倒して、個人のうちにそれ自身の本質内容を置いたのである。個人の存在根拠、権利根拠は、普遍に存せずしてそれ自身の内に存する。個性とは形式において統一せられた多様、すなわち形式に限定せられた質料にほかならぬが、この統一はただ質料の内からの発展によって、すなわち根源的にすでにそこにあるものの開展によって、達せられるのである。そこで個人はそれ自身に根拠を持つもの、普遍の領域から何物かを借りるに及ばないものとなる。従って理性は個人における内よりの発展の方向にほかならない。かかる立場においてアリストテレスは、まず個人的存在から人間の学を始めようとしたのである。

そこで彼は人間の存在からその共同態の側面を捨象し、ただ動植物との区別においてのみあらわになるような人としての存在を問題とした。「人」の存在が「自然」の有と異なるのは、ロゴスによる実践としての人の働き(ergon)、あるいは活動(praxis)のゆえである。道徳はちょうどここに存する。人の善は「徳に合える心の働き」(psukhēs energeia kat' aretēn)である。すなわち人が万物の霊として「秀《ひい》でていること」(徳)に合うような心の働きである。Ethics がその名を負うている ēthikē という形容詞も、人を自然物から区別する卓越性すなわち「徳」を形容するために用いられている。ロゴスにもとづく徳は、一方では知的(dianoētika)であり、他方では道徳的(ēthika)であるが、人を自然から区別するのはまさにこの ēthika という特性なのである。というのは、ēthika は ethos(習慣)から導出せられた言葉であり、そうしてこの習慣なるものが自然物に欠けているちょうどそのものなのである。自然物は習慣によってその本性を変えはしない。石を幾千度投げ上げても上へ動く習慣はつかぬ。しかるに人は習慣によってその本性を変える。習慣の結果として習性的(すなわち道徳的)の卓越性(すなわち徳)を作り出す。これが人の動物と異なるゆえんであり、そうして道徳の領域なのである。

かくしてアリストテレスは、個人がそれ自身に根拠を持つという立場において、この根拠よりの発展としての道徳を捕えたごとくに見える。これを前五世紀の立場に比すれば、ここに個人主義的倫理学が現われたとも言えよう。古い立場では個人は全体性への位置によって評価せられる。全体性からの規範に個人は服従しなくてはならぬ。しかるにアリストテレスは、全体性が個人を規定するという関係を一応離れて、ただ個人自身の内に道徳的なるものの根拠や目標を認めたのである。個人の人格の開展がすなわちロゴスによる実践であり、そうしてそれが道徳なのである。

しかしながらアリストテレスの個人主義は、人間の個別性においてのみ行為の規矩を認めて、人間の全体性を全然眼界から失い去ったような個人主義ではない。なるほど彼は一面において個人がそれ自身に根拠を持つことを主張する。しかし他面において彼は人が本性上ポリス的動物であることをも主張するのである。彼は明白に「ポリスは個人よりも先である」(Politica, 1253a18ff.)と言っている。我々はこの二つの主張の統一においてアリストテレスの人間の学を見なくてはならない。個人に根源的な実在性を認めることはポリスを個人よりも先とすることと矛盾する。しかしこの矛盾の統一こそ人間の構造にほかならない。ここに人間の個別性と全体性との間の弁証法的関係が、すでに問題として現われているのである。

かく見ればアリストテレスは、前五世紀の全体主義に対して単に個人主義を主張したというわけではない。人間の学の初めに個人的存在を抽出したのは、人と動物との区別を眼目としてロゴスによる実践を明らかにせんがためであった。この際彼は考察の便宜上の抽象であることを断わっているには相違ないが、しかし人間の個人的・社会的な二重性格を最初に十分強調しているとは言い難い。ロゴスによる実践といえども、決して単に個人的たり得ないものである。だから我々は彼が右のごとき二重性格の解明から出発すべきであって、個人的存在の抽出から出発すべきではなかったと言うことはできる。しかし彼の人間の学が内容上この二重性格を捕えていること、従って彼の人間の学の前半が個人主義的倫理学*として独立させらるべきでないことは認めなくてはならない。この前半が人の社会的存在を取り扱う後半との連関において理解せらるべきことは、彼自身がエティカの末尾において明言しているところである。我々はこの連関をたどって彼の人間の学の全貌を捕えたいと思う。

* シジウィックの言い現わしを借りれば、Ethics は private Ethics と言った方がはっきりするような個人の善あるいは幸福の学である。すなわち個人としての個人の合理的活動によって得られる限りの、人の善あるいは幸福の研究である。(History of Ethics, p. 3.)

エティカと呼ばれる部分においては、人の本性はロゴスによる実践・活動に認められた。しかるにポリティカと呼ばれる部分の初めには、人の本性は、社会的存在すなわち人間存在にあるとして力説せられる。この二つの規定の統一こそ、人間の学の本来の問題でなくてはならない。

人の本性が社会的存在にあることは次のごとく説かれている。まず男女は互いに他なくしては存在し得ぬものである。だからそれは本性上家族として結合する。この場合家族の全体性が夫・妻・子というごとき個人よりも先である。日常生活の需要はこの全体性において充たされている。ところで日常生活の需要充足よりも高い目的が目ざされる場合には、家族が相寄って部落を形成する。最も自然的な部落の形式は、同じ家族から出たコロニーである。さらにまた多くの部落が、ほとんどあるいは全く自足し得るほどに大きい、一つの完全な社会に結合するとき、そこにポリスが現出する。ポリスは生活の必要にもとづき、善き生活のために存続するものである。ところでこの三段の発展において、ポリスは家族や部落の目的となっている。しかるにアリストテレスによれば、事物の本性はその目的にほかならない。家族や部落が人の本性にもとづくとすれば、ポリスはさらに深く人の本性にもとづくとせられなくてはならない。かくして人は本性上ポリス的動物であると言われる。すなわち人は本性上「人間」なのである。

この主張は、孤立人の立場を根本的に覆すような仕方で行なわれている。彼はいう、

「ポリスは本性上家族及び個人よりも先である。なぜなら、全体は必然に部分よりも先だからである。たとえば身体全体が破壊せられれば、もはや手も足もない。死人の手足と呼ばれるものは、石で作った手を手と呼ぶのと同じ意味で手足であるに過ぎぬ。しかし手足というごときものは、その働きや力によってそれとして限定せられるのであるから、それらがもはやその特殊の性質を持たない時には、同じ手足であるということはできぬ。ただ同じ名を持っているだけである。ポリスが人の本性にもとづくものであり、個人よりも先であるという証拠は、個人が孤立させられると自足的でなくなること、従って個人はポリスに対して全体に対する部分の関係に立っていることである。社会の内に生きることのできぬもの、あるいは自足せるがゆえに社会を必要とせぬものは、ポリスの成員ではなくして、獣か神かである。」(Politica, 1253a18ff.)

この有名な個所は、孤立人に自足的完結態を認めた前の立場を自ら反駁するものである。個人はポリスの全体性におけるそれぞれの機能を果たす限りにおいて個人なのであり、従って孤立させられることは人でなくなることである。しからば孤立人の立場における自足をいかに規定しようとも、それは社会における個人に通用し得ないと言わねばならぬ。

この二つの対立する主張は、アリストテレス自身によっては統一にもたらされていないように見える。むしろ彼はこの二つの主張を並べ掲げているのである。彼は人が本性上ポリス的動物であると明言したすぐあとで、次のように言っている。ポリス的動物であることだけが人間を規定するのではない。蜂やその他の集団的動物もまたポリス的動物である。人間がそれらと異なるのは、一に言葉を持つがゆえである。ところで言葉(logos)は単なる声ではない。他の動物でも、快と苦を感じてそれを相互に知らせ合うことのできる限りは、声をば快苦のしるしとして使っている。しかるに言葉は、有用なものと有害なもの、従って正しいものと不正なものとの弁別を示すためにあるのである。だから言葉を持つことは、正と不正、善と悪を弁別することにほかならぬ。かかる弁別の共同が家族やポリスを(すなわち人間を)、成り立たしめるのである。しからば人は本性上ポリス的動物であるとともに、またロゴスをともにすることによってポリス的動物になるのである。

しかし我々はかく二つの主張が並べられているところに二つの規定の統一を見いだし得ると思う。一面においてはロゴスによる実践が社会を形成する。人が動物と異なって言葉を持つことは、弁別すなわち理性を持つことにほかならない。そうして言葉すなわち理性による自他の合一関係が人間共同態の根柢なのである。このことは人間関係が自他の間の理解的交通であり、そうしてこの理解がすでに善悪正不正の弁別を含む、という意味に解し得られるであろう。たとえば男女が他なくして存在し得ぬのは、すでに男女の結合を理解しているからであり、この理解はすでに男女結合の「のり」「かた」を、すなわち弁別を、含んでいるのである。だから人間存在は同時に理解的存在であり、この相互理解においてのみ総じて人間関係が存立し得るということができる。しかるに他面においては社会的存在がロゴスを形成する。言葉は人間関係なきところには生起しない。話す相手のないところに言葉が生ずるということは無意義である。従って言葉は人間存在に根ざしている。言葉の表現する弁別もまた人間存在の自覚である。正不正として弁別せられることは、存在自身の構造として弁別に先立って存するのである。たとえば男女が一定の「のり」を理解しつつ結合する場合、彼らはすでにあらかじめかかる理解を持つべきように、男及び女として資格づけられているのである。男として己れを自覚するということは、男女結合の地盤にもとづいてでなければ可能でない。かく見れば言葉すなわち弁別の地盤は人が本性上ポリス的動物であることにほかならぬ。かくしてロゴスによる実践は人間存在を地盤とし、人間存在はロゴスによる実践において可能となる。この相互制約によって二つの規定は統一に達するのである。

右のごとき相互制約は畢竟《ひっきょう》人間の個人的・社会的なる二重性格にもとづくと言ってよい。アリストテレスはそれを明白に捕えているとは言えない。しかし彼がちょうどこの個所に言葉を持ち出したことは、きわめて暗示するところが多いのである。言葉は彼が説くところの全体と部分の関係を、彼の意図したよりも一層明白に示している。言葉の共同が共同態の根柢となる側面から言えば、言葉は個人のものとして、しかも自他の間に共通なのである。しかし何人も言葉を自ら作りはしない。言葉は社会的産物として個人に与えられるのである。だから我々は共同のものとしての言葉を個人のものとして用い、しかもその個人のものの内にある共同性のゆえに我々は言葉によって共同態に帰り行くのである。ここに我々は全体の否定としての個別、個別の否定による全体への還帰という図式を見いだし得るであろう。上記の二つの規定の統一も実はこの図式にあてはまるべきものなのである。根源的には人間存在においてロゴスとロゴスによる実践とが生起する。が、ロゴスによる実践によって人間存在が実現せられる。この動的構造が人間の学の目標でなくてはならぬ。

　アリストテレスの説く全体と部分との関係は、身体と手足との例によっても明らかなように、部分が全体を現わすことにおいて部分であるという点を強調したものである。個人の言葉は社会的産物であるがゆえに初めてその個人の言葉であり得るごとく、個人は社会を現わすことにおいて初めて個人である。が、この考えは、部分の集成によって全体が成り立つのではなく逆に全体によって部分が規定せられるという一面のみを捕えて、部分の独立という点を看過していると思う。手足は全体を現わすことにおいて手足であるが、しかし手足として独立することはできぬ。しかるに個人は、社会において初めて個人たらしめられるにかかわらず、しかもその社会にそむき得るものである。この点において個人がそれ自身に根拠を持つという彼の他の考えがここに結合せられなくてはならぬ。従って社会が個人に先立ち個人を個人たらしめるということは、同時に社会が己れの否定において個人となるという意味を持たねばならぬ。個人が社会の手足に過ぎぬならば、個人が自らの意志によって社会に従うということさえあり得ないであろう。アリストテレスがプラトンの理想国の主要欠陥として指摘したのは、私有財産及び家族の廃棄が、ポリスによる個性の滅却を意味する、という点であった。個性が滅却せられれば、個人が全体に従うという関係は不可能になる。従って社会において個人が個人たらしめられることは、個人の社会よりの独立をも含意せねばならぬのである。この独立のゆえに、個人の結合によって社会が実現せられるという他の契機も生かされてくる。かく見ればアリストテレスにおける全体主義と個人主義との結合は、彼自身それを充分に試みていないにかかわらず、きわめて豊饒な思想を示唆するのである。

かく見ればアリストテレスの politikē すなわち人間の学は、それがいわゆるエティカとポリティカとの統一であるというまさにその理由によって、人間の学としての倫理学をすでに示しているのである。個人の立場においてのロゴスによる実践は、その個人が社会における個人であるとの視点から見なおすことによって、真の意義を発揮する。エティカにおいて「最大の徳」「完全なる徳」「徳の一部にあらずして徳の全体」などと呼ばれた「正義」は、ポリティカに至って明白に社会的な規定を受ける。「正義はポリス的である。なぜなら正はポリス的なる社会を支配する秩序にほかならず、そうしてこの正が正義を決定するのだからである。」(Pol., 1253a36-37.) 従って社会的統制すなわちポリスの統治は、後代におけるごとく道徳的から区別せられた意味においての政治的・法律的なものではなく、根本的に道徳的なのである。「法律は徳の実践を我々に命ずる。」(Eth. Nic., 1130b23) 法律はロゴスの声であり、個人的・社会的な(従って我々の意味での)人間の共同の良心である。このような法律と道徳との統一は、両者を別々のものと考える現代の常識からは幼稚に見えるかも知れない。しかし人間が個人的・社会的なる二重性格において把捉せられる限り、人間の道もまた個人性と共同性との統一において把捉せられねばならぬ。人間の学としての倫理学は、かかる人間の道を明らかにすることによって、法律と道徳とをともに基礎づけ得なくてはならぬ。従って倫理学が、カントの Metaphysik der Sitten におけるごとく、法律哲学と徳論とをともに含むということは、アリストテレスの「ポリティケー」の理念をそのまま承け継いだものと言ってよい。

そこで我々は近代におけるこの後継者を捕えて、アリストテレスにおける人間の学としての倫理学がいかなる開展を受けたかを考察してみようと思う。アリストテレスの「ポリティケー」は単なる Ethics ではなくして我々の意味における「倫理学」であると我々は主張した。カントの道徳哲学についても同様のことが言えるであろうか。

七　カントの Anthropologie

カントは Anthropologie と名づけられる著書を残している。この名は古くより日本において「人類学」と訳されている言葉である。しかしカントが試みたのは人類学ではない。彼がこの書の序文において説くところによれば、アントロポロギーとは「人についての知識を体系的にまとめた学」(eine Lehre von der Kenntnis des Menschen, systematisch abgefasst) である。従って自然学的な「人に関する知識」の学としての自然学的アントロポロギー(すなわち人類学)もあれば、また自由に行為する者としての人に関する経験知の学、すなわち「実践的見地におけるアントロポロギー」(Anthropologie in pragmatischer Hinsicht) もある。カントが試みたのはこの後者なのである。

そこで彼のアントロポロギーの源泉となるものは、まず第一には、同じ町や同じ地方の人々との交際において得られた「人に関する知識」(Menschenkenntnis)である。次いで旅行や旅行記によってこの知識を広めることができる。さらに補助手段としては、世界史、伝記、演劇、小説等を使うこともできる。カントはかかる材料にもとづいて、日常的具体的な人のさまざまの心持ち、欲望や意志や感情などを捕えようとしたのである。だから結果から言えば経験的心理学のようなものになっているが、しかしその経験が学的立場においての経験ではなく、実際生活における経験である点において、現代の経験的心理学とは異なると言わねばならぬ。だからこのようなアントロポロギーを学として根本的に作るためには、人の本性自身に存する重大な困難があるということも、カントは明白に承認している。すなわち具体的に人を経験するに際しては、観照的な立場、従って学的な立場を取れないというのである。彼はそのことを次のように説いている。

「一、他の人が自分を観察し研究していると気づいた人は、当惑して有りのままの自分を示し得なくなる。あるいは自分を他のものに装って有りのままの自分を知られまいとする。二、人が自分自身だけを研究しようと欲する場合でも、特に情緒の状態について言えば、他のものに装うというようなことは通例ないにしても、やはり同様に行き詰まってしまう。衝動が働いているときには観察していない、観察するときには衝動は静まっている。三、ところとときの情勢が持続的であれば、それに適応して習慣ができあがる。習慣はよく言われるように第二の天性であって、人がおのれ自身を何と考えるかの自己判断を困難にする。が、さらに一層、その交際している他人を何と考うべきかを困難にする。そこで人が運命によってそこへ投げ込まれたとか、あるいは自ら冒険的に飛び込んで行ったとかという境位の変動が、アントロポロギーをば学らしい学に高めることをはなはだしく困難ならしめるのである。」(Cass. Ausg. 8. Bd., S. 5.) もしこの困難が正当に承認せられるならば、現実に行動する人を学的経験の対象とすることは不可能であるとせられねばならぬ。人はその具体的な姿においては観察せられ得ない。従って観察にもとづく経験的な学は行動する人に関しては成立し得ない。しかもカントは「人についての知識」を源泉としてアントロポロギーを作ろうとしたのである。この知識は観察にもとづくのではない。衝動は観察せられるとき鎮まっており、動いている時には観察せられないが、しかし我々は衝動的に動いた以上衝動の何であるかを知っている。また他人は観察せらるる時有りのままの姿を示さないが、しかし我々は他人との実践的交渉において、観察することなくその有りのままの姿に触れているのである。これが実際生活の交際における経験であり、「人についての知識」と呼ばれるものにほかならぬ。およそ人と人との間に実践的な交渉がある限りにおいては、人々は観察に先立って自と他とを主体的に把捉しているのである。カントが人についての知識の前提を「交際」において認めたことの真意はここにあるであろう。従って人についての知識は、その根源より見れば、「人間知」と呼ばれてよい。かかる人間知こそはカントのアントロポロギーの源泉なのである。

しかしこのような人間知はいかにして可能であるか。この問いは自然対象の認識の可能性が示されただけでは解かれ得ない。しかもこの人間知の可能性にもとづいてのみカントの実践的見地におけるアントロポロギーは立ち得るのである。認識の可能性によって基礎づけられ得るのはただ自然学的アントロポロギーすなわち人類学のみであって、自由に行為する者としての人を取り扱うアントロポロギーではない。しからばカントが後者を人間知の学として試みたとき、人間知の可能根拠をいかに考えていたのであろうか。

カントはこの問いをあらわに提起してはいない。しかし彼がその『アントロポロギー』の序言の最初に持ち出しているのは人が己れ自身の究極目的であるという人の規定であり、本文の最初に掲げたのは人格(Person)と物(Sache)との区別である。ところでこれらの規定を明らかにしたのは彼の理論哲学ではなくして実践哲学にほかならない。しからば彼の『アントロポロギー』は実践哲学の基礎に立つのである。従って我々は人間知の可能根拠の問題が実践哲学において暗々裏に取り上げられ、また解かれていると解することができる。

このことを証示するために我々はカントの哲学体系全体の構造を瞥見しよう。彼はその晩年にエッシェの編纂によって『論理学』を出版させた。その緒論三において彼はいう。哲学とは概念による理性認識である。理性認識とは原理からの認識であり従ってアプリオリでなくてはならぬ。かかる理性認識の体系、すなわちかかる認識を十分に貯えその間に体系的連関をつけること、全体の理念によってそれらを結合すること、それが哲学である。しかしこの意味の哲学は、実は哲学の学究的概念(Schulbegriff)に過ぎぬ。かかる哲学はただ巧みさや熟練をねらっている。ただ思弁的知識をのみ求めてそれが人の理性の究極目的にどれほど貢献するかを考えない。これに対して哲学の世間的概念(Weltbegriff)によれば、哲学とは人の理性の最後の目的の学である。この高い概念が哲学に威厳を、すなわち絶対的価値を賦与する。前者は理性の技術であって任意の目的に対する理性使用の規則を明らかにするに過ぎぬが、後者はかかる目的の最高の統一たる最後の目的を明らかにするのである。従って実践哲学は本来の哲学にほかならない。

かく規定した後に彼はいう。「世間的概念における哲学は、あらゆる認識及び理性使用を人の理性の究極目的に関係させる学である。……そこでこの意味の哲学の場面は次の問いに要約することができる。

一、我れは何を知ることができるか。
二、我れは何をなすべきであるか。
三、我れは何を望んでよいか。
四、人とは何であるか。

第一の問いに答えるのは形而上学、第二の問いには道徳学(Moral)、第三には宗教、第四にはアントロポロギーである。しかし初めの三つの問いは最後の問いに関するがゆえに、根柢においてはこれらをすべてアントロポロギーに属すると見ることができるであろう。」

本来の哲学は実践哲学である。そうしてこの哲学の根本問題は根柢において皆アントロポロギーに属する。ここにいうところのアントロポロギーが経験学としてのアントロポロギーでないことは言うまでもないであろう。それは人の知識の源泉を探り経験の可能根拠を明らかにするというごとき学をもなお基礎づけるところの、最も根源的な学でなければならない。カントは果たしてかかるアントロポロギーをまじめに考えていたのであろうか。

しかり、と我々は答える。なぜならすでに第一批判末尾の「純粋理性の Architektonik」の章に、言葉も内容もほとんど右の個所と変わらない、同じ主張を見いだすからである。元来カントがここに Architektonik の語を用いたのは、前節に説いたアリストテレスのそれにもとづくと考えられる。アリストテレスはそれによって目的的な統一を言い現わし、最高目的の学を arkhitektonikē と呼んだのであるが、今やカントは同じく目的的な統一による体系の術をこの語によって言い現わした。ここでは最高目的は理性本来の目的であり、従って理性の主要目的から、すなわち理念から生ずる図式が architektonisch な統一を与える。それに反し経験的に偶然に現われる目的に従って計画せられた図式は、technisch な統一をしか与えない。(B861.) 従って人の理性の究極目的の学たる世間概念的哲学は architektonisch であり、任意の目的による理性の技術としての哲学は単に technisch(技術的)であるに過ぎぬ。だから彼はここでも、「知識の体系的統一、従って認識の論理的完全性、ということきものを目的としてそれ以上を望まないところの、ただ学としてのみ求められる認識の体系」をば哲学の学究的概念、理性技術家の仕事として斥けた。それに反して、「あらゆる認識が人の理性の本質的目的に対して持つ関係の学」としての哲学が、真の哲学とせられる。それは「何人もが必然に関心を持つものに関する概念」としての「世間的概念」における哲学である。しかし本質的目的はなお複数であって唯一最高の目的ではない。「だからそれは究極目的(Endzweck)であるか、あるいは究極目的に必然的に隷属する諸目的であるかである。その究極目的は人の全体的規定にほかならない。そうしてこの究極目的に関する哲学が道徳学(Moral)なのである。」(B866f.) しからば道徳学は、究極目的の学であるがゆえに、真の哲学とならねばならぬ。そうしてその哲学は、「人の全体的規定」を目ざすがゆえに、また一つのアントロポロギーでなくてはならぬ。これは前掲の論理学における考えときわめて近いものである。

もっとも論理学においては、「我れは何をなすべきか」の問いに答えるのが道徳学であり、アントロポロギーはさらにその根柢に置かれた。しかるにここでは究極目的としての人の全体的規定を目ざすのが道徳学である。従ってこの道徳学は前のアントロポロギーの地位に立っている。このことは論理学においてアントロポロギーと呼んだものが実は「人の全体的規定の学」にほかならないことを意味するのである。

ここにおいて我々はカントにおける二つのアントロポロギーを明白に区別することができる。一は経験学としてのアントロポロギーであり、他はかかる経験の可能根拠を、すなわち人間知の可能根拠を明らかにするところの、道徳学としてのアントロポロギーである。だから彼が「道徳の形而上学は本来純粋道徳学である。そこでは何らのアントロポロギーも(何らの経験的制約も)、根拠に置かれない」(B869.)というとき、このアントロポロギーはただ前者をのみ意味していると言ってよい。

かく見ればカントの道徳学すなわち実践哲学は、「人の全体的規定の学」として、最も根源的なアントロポロギーである。カントはそれを『道徳の形而上学の基礎づけ』において内容的に明らかに実現している。この書の主題は「人」をば経験的及び可想的なる二重性格において規定することであった。第一批判においては、超越論的人格性は概念を乗せる車、概念の根源である。だからそれは全然思惟や概念の対象たり得ずとして規定せられる。この立場においては人はただその経験的性格において、すなわち客観としてのみ取り扱われ得るのである。しかるに実践哲学はこの人格性を本体人として取り上げる。人は単に客観として有るのみならず、客観化せられ得ない主体として行動する。人は一面において自然物であるとともに他面において実践的に存在するもの、すなわち自由の主体である。後者は「認識」はせられぬが、しかし純粋感情において直接に顕現するのである。このような二重性において人を規定するのが、「人の全体的規定」にほかならない。当為の意識はまさにこの二重性において基礎づけられるのである。

　カントの作り上げた定言命法のさまざまの型式も、我々は右の二重性から理解することができる。特に彼が人性(Menschheit)の原理と呼んだもの、すなわち「汝の人格における、及びあらゆる他の人格における人性(Menschheit)を、単に手段としてのみ取り扱うことなく、常に同時に目的として取り扱うように行為せよ」という定言命法には、最もあらわに右のごときアントロポロギーの結晶が見られる。人の本体的性格から見れば人は何物かのためにあるのではなくして絶対的価値の保有者である。「人はそれ自身における目的(自己目的)として存在する。」しかしその経験的性格から見れば人もまた一つの自然物であり、従って手段として用いられ得るものである。かく人が手段的・自己目的的な二重構造を持つがゆえに、人はこの二重性において取り扱われねばならぬ。これまさしくカントの把捉した「人の全体的規定」の表現である。

しかしここまで来ると、「人の全体的規定」の学たるアントロポロギーが、単に「人」の学にとどまることはできなくなる。なるほどカントは「人」をば経験的・可想的なる二重性格において規定したのであって、「人間」の全体性を顧慮してはいないように見える。しかし我々の人格における人性を手段的・目的的に取り扱うということは、「人間」の全体性とかかわりなき単なる「人」の立場においてなし得ることではない。人が手段として取り扱われ得るのはその経験的性格のゆえである。そのゆえに同時に可想的性格における人もまた手段として取り扱われ得る。この方向においては人はただ個別性の側面からのみ見られている。しかし人が究極目的として取り扱われねばならぬのは、その可想的性格のゆえである。そうして可想的性格においては人は個別的であることができない。人を人たらしむる性格はただ一つであって、それが人性(Menschheit)あるいは人格性(Persönlichkeit)と呼ばれる。すなわち自他の人格における人性は全然自他不二的である。でなければ我れの人格における人性も汝の人格における人性もともに究極目的であることはできない。我れにとってのみの、あるいは汝にとってのみの、究極目的というごときことは、相対的な絶対的目的というと同じく無意味である。ところでこの自他不二的な人性が人格に具現せられている限りにおいては、個別的な人格においてもまたこの自他不二性が現われねばならぬ。すなわち経験的性格における人々がすべて究極目的として取り扱われ得るような人間の共同態がなくてはならぬ。だからこの側面においては人間の全体性が把捉せられているのである。かく見れば人を二重性格において規定したことは、人をその個別性と全体性とにおいて、すなわち我々の意味における「人間」として規定したことにほかならない。人の全体的規定の学たるアントロポロギーは「人間」の学とならねばならぬ。

確かにカントの人性の原理は、人間関係の原理としてでなくては理解せられない。我れは可想人としての権能において汝を手段となすことができる。が、その汝が同時に可想人として我れにとってもまた究極目的である限り、我れは汝の手段とならねばならぬ。汝の側から見ても同様である。従って我れと汝の関係は互いに手段となり合いつつ互いに目的となり合う関係である。手段となる側からは自他は差別的であり、目的となる側からは自他は不二である。このような差別的・無差別的・個別的・全体的な関係こそまさに人間関係にほかならぬ。だからカントは人性の原理を、共同態的・客観的法則(gemeinschaftliche objektive Gesetze)と呼んだのである。

かかる解釈にもとづいて我々はカントの道徳哲学がその最も深い内容において我々の意味の「人間の学」となっていることを主張するのである。しかし我々はカントがそれを自覚しそれをあらわに説いているというのではない。カントが意識的に取っている立場はむしろ十八世紀の個人主義である。だから本体人としての無差別性を人間の全体性として把捉するということは、『道徳の形而上学の基礎づけ』の内にその試みを見せているにかかわらず、しかも充分に遂行せられなかった。彼は人を自己目的として規定しつつも、この目的をいつも複数として取り扱い、かかる個別的にして多数な目的の体系的結合を目的の王国と考えたのである。もちろん彼においては目的の王国は「ただ理想に過ぎぬ」のであって、現実に実現せられた共同態ではない。のみならずこの王国は共同態的法則によって成り立つのであり、そうして共同態的法則は人の目的的・手段的な二重性格においてのみ可能である。従って多数な目的が多数であるゆえんは一に経験的性格にもとづくと見られねばならぬ。しかも彼が究極目的を複数として現わし、「理性的なるもの(複数)の世界(可想界)が目的の王国として可能である」というごとく、あたかも本体人が個別的であるかのごとくに言い現わすのは、彼における個人主義的意識のゆえであろう。だからカントがライプニッツなどと同じく量的個人主義を説くとせられるのもゆえなきことではない。本体人の無差別性は全体性としてではなく、個別的な本体人の質的な等しさとして解せられるのである。このようなアトム的な本体人からは、生ける全体性としての共同態は説かれ得ない。だから目的の多数性に対して全体性は「普遍的立法意志としての個別的理性者の意志の理念」とせられる。超個人的な理性意志の理念が人間の全体性に代わるのである。

このようなカントの傾向は、人の全体的規定を主として個人の立場から考察せしめ、従って実践哲学の中心問題を「意志」に認めさせることになる。もちろん彼においては意志もまた単なる個人的意志ではない。厳密な意味において彼が意志と呼んだのはただ理性意志のみであり、そうして理性意志は超個人的である。しかしこのような超個人的意志は、差別を含まない抽象的普遍であって、生ける全体性であることができぬ。従ってこのような意志の自律は、生ける全体が自らを、すなわちその成員を、律することではなくして、個別を含まない抽象的意志がそれ自身を律することに過ぎぬ。かかる意志の自由は、抽象的普遍的な自由であって、具体的な個人的意志の自由ではない。個人的意志は彼においては Willkür と呼ばれ、経験的・可想的なる二重性格を持つ。そうして個人的意志における超個人的意志の現われが当為なのである。そこで意志の自律なるものは個人における当為の意識から見いだされねばならぬ。かく全体と個人との関係が意志の問題として個人意識の中から掘り出されるのである限り、道徳性の問題が主観的意識の範囲内にとどめられているという外見は避けることができぬ。

かく見ればカントの道徳哲学は、その最も深い内容において我々の意味の「人間の学」となっているにもかかわらず、表面に現われた限りにおいては「主観的道徳意識の学」であるとも見られ得る。そこで人はカントに対して三様の態度を取ることができる。一は表面に現われた通りに「主観的道徳意識の学」を道徳哲学として承認し、倫理学が「人間の学」であるという立場を離れることである。これは我れ思うに始まる近代哲学の主流であるとも考えられる。それとともにアリストテレスの「ポリティケー」の考えは捨てられ、Ethics は厳密には private Ethics と呼ばるべきものになる。二はカントにおける人間の学をカントの本義として理解し、カントを個人主義者ではなく社会主義者であると見ることである。カントの精神を最もよく活かせたと考えられる新カント派のコーヘンはまさにかかる立場に立った。三はカントの道徳哲学を主観的道徳意識の学として認めるとともに、そこにカントの道徳哲学の不充分さを見いだし、人間の学によってそれを克服しようとする立場である。それはいわばカントが表面に現わしたものを否定することによって、かえってその内奥に含んだものを活かせるのである。ヘーゲルの人倫はまさにこの立場に立つと言ってよい。

右の内二と三とは人間の学としての倫理学の伝統を示すものである。そこではいずれもカントにおける個人主義や主観主義が打ち克たれ、人の全体的規定が一層明白にあらわにせられた。しかしカントが実践的行動の世界を明らかにするための苦闘を烙《や》きつけた可想界の思想は、両者においていずれも観念論的にきれいに片づけ去られている。従ってそれがカントからの発展であるとともに、そこからさらに進んで新しく発展し行くべき契機をまさにそのカントから与えられるということも、看過すべからざる点であると思う。我々はそれをたどることによって人間の学としての倫理学の構想を一層確実にし得るのである。

まず我々は、カントにおける人間の学についての我々の解釈が決して恣意的でないことを証示するために、カントの徹底せる解釈者としてのコーヘンの人間の学を考察しようと思う。

八　コーヘンにおける人間の概念の学

コーヘンはカントをドイツ社会主義の真の創始者と呼んだ。その根拠は人を手段的・

自己目的的に取り扱うべしとする人性の原理である。カント自身が共同社会的法則と呼んだこの原理こそは、定言命法の最も深い、最も力強い意味を現わしたものであるとともに、また社会主義の原理でもあると主張せられる。

カントの倫理学から社会主義を見いだすことは、一面においては社会主義を理想主義の上に立てることであるとともに、他面においてはカントから表面上の個人主義を洗い去ることである。後者によってカントの人性(Menschheit)は人の全体性であり従って共同社会であるとせられる。共同社会が人を人たらしめるのであり従って人の道をも規定するのである。しかし前者の立場からはこの共同社会が厳密に理念として取り扱われる。それは「有るもの」としての社会ではなくして、「有るべきもの」としての社会であり、従って現実の社会の当為的根柢となるのである。

カントにおける可想界が単に理念として全然論理主義的に解し去らるべきものであるか否かは問題として残さるべき点であろう。しかしカントの実践哲学の重大な意義を十分に認めつつ、しかもその核心を人性の原理に見いだしたことは、カントの人間の学に対する深い理解を示すものと言ってよい。カントから出た彼の倫理学が「人の学」(die Lehre von Menschen)として規定せられるのもゆえなきことではないのである。

カントにおいて実践哲学が本来の哲学であり、そうしてこの哲学の根本問題が皆「人の学」に属していたように、コーヘンにおいても倫理学は「人の学」として哲学の中心であった。彼はこのことを古代の哲人によって証示する。「ソクラテスが倫理学を考え出したとき、彼は同時に倫理学においてあらゆる哲学の中心点を見いだしたのである。それまでは哲学者たちは、どれほど人について特別に考えたとしても、同時に数学者であり自然学者であった。しかるにソクラテスは自然についてはナザレ人《びと》のごとくに語る、——樹木は自分を教えることはできないが、町の人にはそれができる。人から逆に引き返して初めて自然への道が通ずるのである。倫理学は、人の学として、哲学の中心になる。そうしてこの中心において初めて哲学は、独立性と特性を、やがてまた統一性を獲得するのである。」(Ethik, S. 1.)

このことはコーヘンによれば哲学史全体を通じて変わらなかった。もとよりさまざまの思想傾向がことごとくこのことを自覚していたというのではない。しかし「倫理学の対象は人である」という思想の力と真理とは、すべての傾向の内にこもっていた。他のどんな問題が倫理学の関心のうちに導き入れられようとも、それはただ人との関係によってのみその位置を見いだし得たのである。

かく倫理学が哲学の中心になるとともに、「人」が哲学のあらゆる内容・あらゆる価値の中心となった。哲学の重心は、すなわち哲学の存在の根、哲学の権利の源は、倫理学を通じて「人」において求められることになる。哲学からこの「人」の問題を奪い取ろうとするような科学はまだ出ては来ないのである。神学さえも、「人」の本質についての人の智慧や、人の作った「人の学」を、ことごとく排除しようとするほどに迷い出したことはなかった。

コーヘンはかく「人」の問題を力説したあとで、さて改めて問う、「人」を対象とする倫理学は、それでは明確に限界づけられた領域、精確に規定せられた問題を持っているか。人はしかりと答えるかも知れない。「人」ほど我々にとって明白なものはない、と普通には思えるからである。しかるに実際においては、人ほど明白でないものはないのである。そこで彼はいう、「倫理学が初めて人の学をもくろむのであるならば、それならばまた倫理学が初めて人の概念を見いだし得るのである。人の概念が前提・根拠となることなしに、どうして人についての見解が普遍的たり確実たり得るであろう。倫理学が人についての統一的な見解から出発し得るのではなくして、むしろ逆にかかる見解が倫理学の目標でありまたその本来の内容なのである。」(Ethik, S. 3)

ここにおいてコーヘンの立場はきわめて明白になる。人の学は人の有(Sein)の学ではなくして人の概念の学である。人についての一切の認識を可能ならしめる根拠としての人の概念の学である。「倫理学は人の学として人の概念の学である。ソクラテスが人において倫理学を考え出したとき、彼は同時に概念を見いだしたのである。人の概念において彼は概念を見いだしたのである。倫理学以前に、また以外に、人の概念はなかった。そのように倫理学以前には一般に概念は存しなかった。右の偉大な帰結は三つの発見、すなわち概念と人と倫理学との発見、の連関から生じたのである。」（同上）

ここにコーヘンの徹底せる観念論の立場が露出して来る。彼においては「思うこと」が「有ること」を産出するのである。従って人の有は人の概念から産出せられる。概念は何であるかというあるの問いとして見いだされるのであるから、「人とは何であるか」という人の概念から、「人とはしかじかである」という人の有が産出せられるのである。

ここまで来ると我々はコーヘンがどの点においてカントの人間の学を展開させたかを見分けることができる。カントは人を可想的・経験的の二重性格において規定するに急であって、人の多数性や全体性の問題を曖昧の内に残した。人の全体性は人の可想的性格の内に探り出すほかはない。しかるにコーヘンは右のごとき二重性格の問題を放棄するとともに、人の概念において多数性や全体性の問題を明らかにしたのである。人性が人の全体性であり共同社会であるということも、人性の可想的性格を思惟の生産の立場から新しく意義づけることによってのみ説かれ得たのである。そこで我々は、コーヘンにおける人間の学の展開を見るために、一応彼の思惟生産の立場を顧みなくてはならぬ。

コーヘンの純粋認識の論理学は、カント風な直観すなわち受容性を全然排除することによって観念論に徹したものである。認識はそれが根源的に学的思惟から産出せられる時純粋であるとせられる。そうして思惟は何らの所与あるいは直観の多様というごときものを待つことなく、原本的にそれ自身の根源から産出するのである。従って学的思惟は根源の思惟であり、論理学は「根源の論理学」にほかならぬ。そこでこの論理学は、思惟が無の迂路を通っておのれの根源から一切の内容を産出することを明らかにし、この産出の仕方をさまざまの判断及び範疇として展開するのである。ここにカントにおける二つの世界の分裂は、一応打ち克たれたように見える。

倫理学においては、右のごとき純粋思惟の役目を純粋意志がつとめるとせられている。純粋思惟の最奥の根柢が根源であり、そこから無の迂路によって、すなわち無限判断・連続の法則によって、内容を産出するごとく、純粋意志もまたその根源から、連続によって、産出するのである。思惟と意志とのさまざまの相違にかかわらず、根源よりの産出という点においては変わるところがない。だから論理学が明らかにした種々の根本概念は、そのまま純粋意志の根本概念でもあるのであって、論理学から倫理学へ移されるというわけではない。同一の純粋性の方法が、すなわち根源よりの産出が、ただ問題を変えるだけなのである。思惟が意志に変化すると言い現わしてもすでに言い過ぎであって、むしろ論理的関心・自然の学への関心が、人とその行為及び世界史の概念への関心に変化するというべきである。従って倫理学は純粋意志の論理学にほかならない。

かく見ればコーヘンが論理学特に「数学の判断」の章においてすでに人の概念に言及していることは、何ら異とすべきではない。数学の判断はまず第一に実在性(Realität)の判断であるが、この判断において根源よりの産出は「無限小」「微分」による実在性の産出となる。この無限小に当たるのが道徳の世界ではIndividuum(不可分のもの)である。無限小が自然の実在性を意味するごとく、個人は道徳の実在性を意味する。しかし実在性の判断によってはまだ内容は産出せられない。内容のためには他者が出て来なくてはならぬ。そこに第二の多数性(Mehrheit)の判断がある。多数性の発生は時間の範疇による。時間は未来(すなわち予料)を根本的な働きとすることによって過去を分出し、他者を成立せしめ、従って内容を産むのである。ここで数は加えることのできる一となり、従って加えられたる多数となる。この多数性の意味が精神科学においては社会(Gesellschaft)の概念となるのである。だから社会の理念においてはその成員の個別性、法律や文化の制度の個別性は、前提として欠くことができぬ。ところでかかる多数は無限に加えることのできる数である。が、無限に加えた総和はこの段階では出て来ない。そこでこの無限な加法にまとまりをつけるのが第三の総体性(Allheit)の判断である。

それを無限級数が現わしている。積分は無限級数が無限小と結合している総体性にほかならない。しかしかかる積分は数以上のものである。それは時間によって産出せられた内的内容だけではない。そこには空間の範疇による外の産出が含まれている。そこで数としての内容が自然としての内容になる。時間は小やみなき去来を産み、従って差異性を産出するのみであって、そのまとまりをつけることはできぬが、空間は共在であり、総括を産出する。そこに総体性が成立するのである。この総体性が道徳の世界において は共同社会(Gemeinschaft)として把捉せられ、特に明らかに国家において現われて来る。実在性の判断によって産出せられた個人、多数性のそれによる社会は、この国家においてその真の統一に達する。

これが論理学において説かれた人の概念である。個別性、多数性及び総体性における人の概念である。それは我々の意味における人間の概念であって、単なる人の概念ではない。従って我々は、コーヘンにおける人の学が実は人間の学にほかならぬことを見いだすのである。

論理学が右のごとき人間の概念を明らかにしたのに対して、倫理学はさらに新しく何を加えようとするのか。倫理学が純粋意志の論理学にほかならぬとすれば、それは何ゆえに事新しく倫理学と呼ばれねばならぬか。それは倫理学が意志の論理学であって有

(Sein) の論理学ではないからである。論理学の問題の特殊性はすべてそれが意志の問題であることに起因する。

しからば意志の問題はいかに思惟の問題と異なっているか。思惟は純粋生産ではあるが、しかし常に対象にかかわっている。その産出せる概念は対象の象徴にほかならない。それに反して意志は、全然対象にかかわらずただ行為にのみ向かう。意志が純粋意志として欲望と異なるのは、欲望が対象に向かうに対して右のごとく対象にかかわらないということである。そこで意志の問題においては、ただ意志の主体のみが取り扱われる。意志及び行為において実現せられる意識の内容は、あくまでも客体ではなくして主体自身なのである。

この区別をコーヘンは力をこめて強調している。思惟の問題は客体の意識であり、意志の問題は自己意識すなわち自覚である。カントは「意識の統一」と「自覚」とを同義に用いたが、しかし前者は論理学の問題であり、後者は倫理学の問題であって、決して同視さるべきでない。意識の統一は概念の統一における統一であり、概念の統一は客体の統一による統一である。しかるに倫理学は主体の統一を取り扱う。これがここで特に「自覚」と呼ばれるのである。

そこで倫理学は主体の学となり、その根本問題は「自覚とは何ぞや」である。言い換えれば、「自我とは何であるか、自我の充実せる全内容を純粋に生産するごとき自我の根源はいかに規定すべきであるか。」この問いからして倫理学における人間の概念が見いだされてくる。

自我の根源を探るに当たって、コーヘンはまずフィヒテを手づるとする。フィヒテは自我に対して非我を立てた。非我を通じて自我の根源を探るのはまことに正しい道である。しかしフィヒテの非我は「物」「客体」であって主体的な非我ではなかった。知識学の場合にはそれでよいが、主体の学たる倫理学においてはそうであってはならない。ここでは問題はすでに客体を離れている。非我は主体として考えられねばならない。非我とは我れの否定である。我れにおいて否定の迂路・無の迂路によって求められるのは、客体ではなくして我れ自身の根源である。従って非我は、自我がその根源を持ち得る場面としての「人」の概念にのみ関わり得る。自我の根源を探って無の迂路をたどるとき、すなわち非我に面するとき、そこに見いだされるのは他者(das Andere)の概念である。主体的な非我は他者にほかならない。他者が自我の根源であり、従って自我を産出する。「自我は他者の純粋生産によって制約せられ、その他者から生まれ出て来る。でなくては自我は定義され得ない、すなわち産出され得ない。……自己意識は意志にとっても行為にとっても「唯一者としての自己」の意識たることはできぬ。自己はむしろ(他者を含みはせぬが)他者に関係させられねばならぬのである。……自他という以上は自と他とは孤立して存せねばならぬが、しかしまさに自他なるがゆえに孤立せずして相互に連関し、この相互連関において自己意識を形成する。自己意識は何よりもまず他者の意識に制約せられる。この自と他との合一が初めて自の意識を、純粋意志のそれとして、生産するのである。」(Ethik, S. 214f.)

しかるに自我を産む他者は、ちょうどそれが他者であるというその理由をもって、人の多数性なのである。なぜなら、人の多数性はどこから来るか、第二の人、傍《そば》の人はどこから来るか、という問いに答えるものはまさに他者の概念にほかならぬからである。コーヘンはそれを次のように言い現わしている。「人が単に個人であるかのごとくに見えるのは仮象である。もし人が個人であるならば、また人が個人である限りにおいては、彼はただ、個人(Individuum)が多数の個人(Individuen)であることによってのみ、またそのことにおいてのみ、個人たり得るのである。人から多数性を引き離すことはできない。」(Ethik, S. 77.)

この多数の個人はまた一つの統一を形成する。それを最も純粋につかんでいるのは法律学である。法律学は、数学が論理学に対して持つと同じ地位を、倫理学に対して持っている。で、コーヘンは、法律学における法人の概念の内に、あたかも数学における無限級数のごとき機能を見いだす。家族や民族というごとき自然的団体は、人の統一を示すごとくではあっても、なお多数性の段階にとどまり、真の統一すなわち一つの人格となっていない。しかるに法人は、単なる総和以上に、法律的主体の統一として、総体性にもとづいている。法的組合の意志は個々の人格の意志の総和ではなくして一つの意志である。ここでは「多数の意志は一つの全体意志に合一する。その根拠は多数の人格が一つの全体性に合一するからである。……もし組合が全体性として(個々の成員の無限の総括という)総体性の論理的性格を取り得るに至るならば、それはただその法律的活動や法律的存在を成立せしめる意志行為に関してのみそうなのである。この法律行為はこの組合の個々の成員の決議によって形成せられる。決議はいわば個々の意志を統一的意志に総括するのである。この統一的意志は個々の意志のいずれにも属しない。それは全体意志である。」(Ethik. S. 232f.)　かかる全体意志が法人の概念を形成する。それを単に擬制(Fiktion)と考えるのは、仮説(Hypothese)の深い意義を理解しないからに過ぎぬ。法人における全体性はまさに人の総体性を開示する。「法人の自覚は総体性を実現し得る意志の統一の自覚である。」(do. S. 244.)

コーヘンはこの最高の統一を国家の概念において認めた。法人の自覚は国家の概念である。そうして国家の概念は倫理的自覚の最も精確なる模範である。人は誤って国家の概念を支配の概念のもとに考えるが、しかし国家の概念は人の総体性を示すのであって、権力の支配組織や財産関係を意味するのではない。現実の国家がいかに支配権力の悪用の上に立っていようとも、国家の概念はそれには煩わされない。国家の概念が意義を持つのは、国家の現実においてではなく、倫理的な自覚の指導概念としてのその価値においてである。だから国家の概念は人の統一 (die Einheit des Menschen) の概念と相覆う。「国家と人性(Menschheit)との対立は仮象に過ぎぬ。吾人は人の統一を国家の統一において根拠づけようとするに当たって、人を人性から引き離したりなどはしない。むしろそれによって、個々の人と普遍的な人性との間の対立が真に止揚せらるるところの正しい手段を獲得するのである。この方法的な道において初めて人性は倫理的理念となる。」(do., S. 83.) でなければ人性は信仰的な思想かあるいは人類(Menschengeschlecht)というごとき自然主義的概念に堕してしまうであろう。

以上のごとくして「自覚」は、個別性・多数性・総体性における人の概念に展開する。「人の概念はかかる複雑な形を現わしている。個別性と多数性(すなわち特殊性)、及び総体性、そうしてすべては同時に、すべては一となって。……末ともとは方法的にも事実的にも分かたれない。人の概念が道しるべとなるところのこの三つの道、すなわち個別的なるもの、特殊的多数性、及び総体性は、交叉する道ではない。それらは道程のあらゆる一歩一歩において相伴なわねばならぬ。三者の合一においてのみ人の道は存する。」(do., S. 7f.)

主体の学たる倫理学は右のごとくして主体たる人の概念を明らかにする。自我の根源において個別的・多数的・総体的なる人が見いだされたのである。かかる人が我々の「人間」に相当することは言うまでもないであろう。特に倫理学においてはかかる人間が主体として取り扱われる。従って主体的な人間の個別的・多数的・総体的な構造のうちに人の道が存するのである。この限りにおいてコーヘンは、カントよりもはるかに明らかに、人間の学としての倫理学を試みていると言ってよい。

しかしコーヘンの人間の学は、前に述べたように、あくまでも人間の概念の学であって人間の存在の学ではない。個別性・多数性・総体性がただ人間の概念における規定であって人間の存在構造でないならば、それは我々の人間の学とははなはだ遠いものになる。が、この問題に突き当たるとともに我々に明らかになることは、我々の意味における存在がコーヘンにおいては全然取り扱われていないことである。

コーヘンは、「人とは何であるか」という問いから、すなわち概念から、人の有(Sein)が生まれるという。思惟が「有ること」を産むのである。が、この場合の有はまず第一に概念の内容すなわち Wassein であって、existentia ではない。何であるかの問いから「何々である」という「である」が生まれるのであって、「何々がある」が生まれるのではない。このような「である」としての有が直ちに人間の存在でないことは言うまでもない。人間の存在は「何であるか」というごとき問いを発生せしめる地盤であって、かかる問いから生まれるものではない。

しかしコーヘンにおいては、思惟の産み出す内容は同時に対象的な内容であり、従って「であること」はまた「があること」でもあるのである。自然界はかかる意味において思惟より産出せられる有であった。そこで人の概念から産出せられる人の有は、対象的に有るところの人を意味する。かかる人を取り扱う学は、カントの経験学としての人の学と同じく、自然学の一部分にほかならない。従って右のごとき人の有はあくまでも主体的な人間存在と次序を異にする。人の有は「人とは何であるか」の問いより後のものであり、人間存在はこの問いより先のものである。

人間の学が人間とは何であるかの問いであり、従って人間の学が人間の概念を見いだすのであることは、コーヘンの説く通りである。しかしこのことはかかる問いの地盤が、従って概念の地盤が、人間存在であることを排除するものではない。人間の学は問いを発することにおいてその問いに先立つ地盤へ溯源すべき唯一の学である。言い換えれば、学でありつつも学に先立つ存在へ関係する唯一の学である。従ってそれは学でありつつも学の立場にのみ閉じこもることを許さない。コーヘンはこの点を顧慮せずして思惟のうちにのみとどまりつつ倫理学を取り扱っているように見える。もちろん倫理学が学として人の概念を確立すれば、この概念が人についての一切の認識を可能ならしめる根拠となることは、コーヘンのいう通りであろう。吾人はこの点において、倫理学の学における基礎的地位を確立したコーヘンの卓見に服する。しかしそれは倫理学が精神科学の論理学として自然科学の論理学とともに「理論の理論」の役目を勤める側面についてのみ言われることである。そうしてその限り倫理学の問題もまた思惟の問題であって実践の問題ではない。なるほどコーヘンは倫理学を純粋意志の論理学として純粋思惟のそれから区別した。しかしこの区別は実は本質的な区別ではない。なぜなら純粋意志も純粋思惟もともに根源よりの産出であり、しかもその産出は概念の産出にほかならぬからである。たといそれが客体の統一と主体の統一との別として意味深く区別せられるにしても、概念の産出は学の問題であって実践の問題ではない。従って倫理学が、学として、理論の理論の役目を持つ前に、まず「実践の理論」でなくてはならぬということは、全然顧慮せられていないと言ってよい。そうしてこのことは、彼の哲学全体があくまでも学の立場に終始し学の根拠づけのみをその任務とすることに帰因するのである。

コーヘンはカントの批判の仕事をただ学の根拠づけとのみ解した。従って批判は学の事実にもとづかねばならぬ。だからカントは第一批判において数学自然科学の事実にもとづきそれらの学の根拠づけをなした。しかるにカントは第二批判において、足がかりとなすべき学を見いだし得なかったのである。これは批判主義の不徹底というほかはない。そこでコーヘンは、数学に対応するものとして法律学を、自然科学に対応するものとして精神科学を、取り上げた。倫理学は心理学・社会学・歴史学などのごとき精神科学の論理学となり、法律学はこの論理学にとっての数学となる。精神科学がなお学としての厳密さを欠くとしても、少なくとも法律学は確固たる学の事実として立っている。倫理学はこの事実にもとづき、その根拠づけをなさねばならぬ。

しかしこのコーヘンの考えは同じ学派のナートルプによってさえすでに斥けられている。理論哲学は、理論の理論なるがゆえに、学の事実にもとづいてよい。しかし実践哲学は実践の理論である。実践の法則を求めるのに学の事実にもとづくわけには行かない。学はたとい実践的なるものの学であっても、それ自身理論である。学の事実から見いだされるのは理論の法則であって実践の法則ではない。実践の法則はあくまでも実践自身から見いだされねばならぬ。(P. Natorp, Praktische Philosophie, S. 30–31.) この見方から言えばコーヘンの倫理学は単なる精神科学の論理学として理論哲学にのみ属し、実践哲学ではないということになる。カントが実践哲学のために学の事実を求めず、直接に実践理性の事実をよりどころとしたことは、実践の理論に関する正しい洞察を含んでいたと言わねばならない。もちろんこのような実践の理論が他面において理論の理論としての役目を果たすことは、カントの実践哲学がそのアントロポロギーを根拠づけていることからも知られる。またカントによれば歴史学は実践哲学によってのみ可能になる。吾人は倫理学が精神科学の論理学であるということをも一面において承認するのである。しかしこの場合には実践自身から見いだされた理論がさらに精神科学としての理論を根拠づけるのであって、逆に学の事実としての理論からその根拠としての理論にさかのぼったのではない。

ところで実践の法則を実践自身から見いだすということは、学の立場において学に先立つ地盤にさかのぼるということである。この点が十分に顧みられるならば、純粋意志の立場は純粋思惟の立場からさらに根本的に区別せられたであろう。純粋意志が根源よりの産出であるならば、それは実践的産出であって概念の産出ではない。概念の産出は思惟の任務であり、従って学の立場の仕事である。かかる産出に先立って、実践的に無の迂路を通ずる根源よりの産出がある。それが人間の存在である。概念はかかる実践的産出の思惟による把捉にほかならない。この関係においては人間の概念は人間の存在より生ずるのである。個別性・多数性・総体性の統一は根源的には人間の存在構造であり、倫理学はこれの把捉を任務とする。倫理学が初めて人間の概念を見いだしたとしても、倫理学以前に個別的・多数的・総体的なる人間が存在しなかったわけではない。

かく見ればコーヘンは、その観念論的な徹底のゆえに思惟に先立つ存在を見失っていると言ってよい。彼においては思惟の産み出す有(Sein)のみが問題であって、思惟を産み出す存在は顧みられない。そうしてそれは学問の立場に引きこもる限り当然なのである。存在、実践、意志などのいずれを問題にしようと、問題にする限りそれはすでに思惟の網にかかっている。学問の立場の内部においては思惟よりも先なるものは断じてない。しかし実践自身は学問の立場をも包むものである。学者が思索し始めるということは実践における一つの態度であって、この態度を取る限り実践自身も一つの概念に化せられるが、しかしその態度を含む実践的存在は依然として思惟の根柢に存している。実践哲学は哲学としては学問の立場に立つが、しかし実践の哲学としては学問の立場を超えたものに関係しなくてはならぬ。従って実践哲学は学問でありつつしかも学問の立場を超える唯一の学問なのである。コーヘンがそこから出てそれを徹底させたと考えられるカントは、実はこのことを見ていたのである。実践理性の優位を説く思想の深い意義はここにあると言ってよい。コーヘンはカントのこの側面を捨てることによって人間の概念をカント以上に精密に規定することができた。しかしこのような一面性に陥ることなしに、カントにおいて可想的とせられる人間の実践的存在をさらに綿密に分析する道はなかったであろうか。

かく考えるとき我々は、思惟が有(Sein)を規定するのではなくして逆に社会的なる有(すなわち人間存在)が思惟を規定するのであるという反対の立場に想到せざるを得ない。そこにおいてこそ人間の学が人間の概念の学ではなくして人間存在の学となり得るのではなかろうか。

ところでこの立場はコーヘンと同じく観念論的なヘーゲルの流れを汲むのである。我々は前にヘーゲルの人倫がカントの人間の学の内奥の核を活かしていると言った。ではそれがいかに活かされたか。そうして観念論が逆倒され存在が思惟を規定するとせられたときに、その内奥の核は一体どうなったか。我々はそれをたどることによって、人間の学としての倫理学の運命をさらに明らかにながめ、かかる倫理学のまさに向かうべき方向をさえ見いだし得ると考える。

九　ヘーゲルの人倫の学

我々は前にカントの Metaphysik der Sitten がアリストテレスのポリティケーの考えを承け継ぐものであると言った。しかしまたカントが人間の全体性を十分に把捉し得ず、本体人の個別性を暗々裏に認めることによってその個人主義的意識を露出していることをも認めた。この方面より見れば超個人的なる全体性による個我の限定はただ個人意識の内部における理性意志と行為との関係に化せられてしまう。Metaphysik der Sitten が試みられるのであるにかかわらず、その Sitte の客観性は見失われ、Sittlichkeit はただ主観的意識の問題に過ぎなくなる。かく個我をば客観的精神の上に置き、個々の人格を重んじて共同態を軽視するという点に注目すれば、カント哲学は古代を離れてプロテスタントの精神から造られているということも言われ得るのである。

が、十九世紀が近づくとともに右のごときプロテスタントの精神へのあらわな反抗が起こった。浪漫主義は情熱的な宗教心を特徴とするが、しかしその中世への憧憬もキリスト教における異教的なるものに魅せられたのであって、根本においてはギリシア精神への憧憬にほかならない。そこで浪漫主義者は再び有機的全体性への眼を開いてくる。もっとも彼らはそれを極端な個性尊重を通じて自覚したのである。カント風な量的個人主義は、個人の質的な独自性を消してしまう。しかし個人はその唯一的な個性のゆえに個人なのであって、我れも汝も彼も皆等しいアトムのようなものではない。そこで全体は、アトムの集合のようなものではなく、一つの有機的な体系になる。共同態は生ける全体である。個々の成員があくまでも独自的でありつつ、しかもその特殊性において全体を現わすという、普遍と特殊との弁証法的関係は、すでにここに把捉せられている。

かかる潮流がヘーゲルへ働き込んだのは、まさにシェリングを通じてであった。シェリングはギリシア精神へ転向することによってプロテスタントの精神に反抗する。自然哲学や同一体系を説いたシェリングは決してキリスト者ではなくして異教徒である。が、シェリングの関心は自然であって人間ではなかった。従って有機的全体性は彼においては「生ける自然」として現われて来る。* このような自然が「生ける」自然であるがゆえに実は自然ではなくして精神であることを、すなわち「主体」であることを、ヘーゲルはシェリングを通じて悟ったのである。

* シェリングが Vorlesungen über die Methode des akademischen Studiums, 1802 において国家を有機体として把捉し、個性と共同態との総合を試みたのは、ヘーゲルの影響によると言われている。P. Kluckhohn, Persönlichkeit und Gemeinschaft, 1925, S. 58–59.

このことはヘーゲルに働き込んだ二つの影響の総合を意味する。彼は若くよりプロテスタント的神学的精神とギリシア精神との影響を並び受けた。それは哲学においてはカント・フィヒテの影響とシェリングの影響とである。彼はシェリングの思弁的自然学(Spekulative Physik)を広義の倫理学に移すことによってその精神哲学を仕上げた。すなわち彼はカントの実践理性の優位の立場においてギリシア精神を生かせたのである。

そこでアリストテレスの全体主義的な立場は旺然としてヘーゲルの内によみがえって来る。生ける全体性はまさに人倫的な実体である。が、この実体はまさに主体であり、しかも実践的な主体であって、認識主観にながめられ得る客体ではない。ここにカントの精神が力強く活かされる。ただカントにおいて単に可想体であり従って無規定であった主体は、今やあらゆる客観的な姿に己れを表現するところの人倫的実体として、充実せる規定を含んだ具体者となるのである。

かくのごとくヘーゲルの精神哲学が倫理学として始まっているということは、彼の体系がEthikを含まないと考える通例の見方と著しく背馳《はいち》するように見える。しかし倫理学が展開して精神哲学となったのであるならば、その精神哲学の一部門が倫理学となるはずはなく、むしろその核実が倫理学なのである。そうしてまたその倫理学は、まさに精神哲学として展開すべきような倫理学なのであり、従って単に主観的道徳意識の学たるEthikではあり得ないのである。

このことを我々はヘーゲルにおける精神哲学の発達史からも看取し得るであろう。彼の最初の「思弁哲学体系」の考案(1799–1802?)においては、彼の体系において精神哲学と呼ばれた第三部門が、まさしく『人倫の体系』(System der Sittlichkeit)*として現われている。これは発表はせられなかった。が、ほぼ同じころに書かれた論文『自然法の学的取り扱い方について』(Über die wissenschaftlichen Behandlungsarten des Naturrechts)もまた絶対的人倫についての正しい取り扱い方を主張する倫理学方法論である。そうしてこれらの倫理学的著作に現われた考えが、ただ一歩展開せられることによって、彼の最初の主著『精神の現象学』が成立したのである。もちろんここには重大な変化もある。前者において精神の最後最高の現われであった人倫は、後者に至ってその最高位を宗教や絶対知に譲ったのである。しかもなおこの書が「精神」と呼ぶ段階において取り扱っているのは、人倫と教養と道徳性との三者にほかならない。そうして「精神」はまさしく人倫的現実性として規定せられているのである。

＊ Hegel, Schriften zur Politik und Rechtsphilosophie, hrsg. v. Lasson, S. 413ff. この遺稿の著作年代については、1799とする説と、1802あるいはその以後とする説とがある。近来の研究においては後者の方が有力であるらしい。

しからばかく精神哲学として展開し来たった『人倫の体系』とはいかなるものであるか。それはヘーゲルがあらわにEthikとして書いた唯一の著作でありながら、しかもアリストテレスのポリティケーを型取った社会哲学であって、いわゆるEthikではない、と言われるものである。しかしまさにその理由によって、この人倫の学が我々の意味における倫理学であることは明らかであろう。それはなおシェリングの用語に縛られた生硬な作であり、また後のヘーゲルの体系から見ればかなり整わないものであるが、しかし人倫の理念において彼が個人的・社会的なる人間の全体性を捕えようとしたことは、ここに明白に看取することができる。

人倫の体系は絶対的人倫の理念を認識しようとする。絶対的人倫の理念とは、絶対的実在性(差別を含んだ無差別)をば、統一としてのおのれの内に取り戻すことである。かく取り戻された統一、すなわち差別を含んだ無差別は、絶対的全体性に他ならぬ。人倫とはかかる生の全体性、本来の現実性である。それは存在のあらゆる契機を含み、特殊と普遍、主観と客観を合一する。この全体性を普遍の契機より見れば絶対的民族であり、特殊の契機より見れば個性の絶対的合一である。人倫の諸段階として説かれるものは、最も抽象的なる個別性の契機から、さまざまの限定を総合しつつ最も具体的な全体性に達する段取りにほかならぬ。言い換えれば人間の存在構造を思惟の弁証法的発展として映し取り、抽象的普遍より特殊を通じて具体的普遍に到達する道程として把捉したものである。

そこでまず出発点においては、アリストテレスがなしたと同じように、個人の立場が抽出され、個別性が原理とせられる。そうして個別者の内部において差別と無差別、普遍と特殊とが取り扱われる。この第一段階において絶対的人倫は自然として現われるのである。人倫の普遍的な契機すなわち民族は内部にかくれ、多様な実在、あるいは個別性、個々の人が表面に現われる。生ける全体から見れば単に抽象的な一面に過ぎないこの個別者の内部において、いかに本来の全体性が回復されようとするか、それが第一段階の課題である。個別者の立場においては民族というごとき普遍は単に形式的抽象的なものに過ぎない。が、個別者もまた生ける全体性の一面である限り、かかる普遍を内に蔵している。そこで普遍は、個別者の上に浮動する抽象的普遍であるとともにまた個別者の内なる光であるという矛盾に現われる。それが個別者すなわち主観を普遍者すなわち客観の方へ追いやるもの、すなわち衝動なのである。個別の立場における全体性の回復はかかる衝動の形において行なわれる。ここに特殊と普遍との同一が、不完全な合一すなわち「関係」として規定せられるのである。そこで自然的人倫はまた「関係による絶対的人倫」とも言い現わされる。これが最も個別的な欲望から、きわめて共同的な家族にまで展開せられている。この展開はすべて個別的主観的なるものが普遍的客観的なるものに転ずることを通じて両者の総合に達するという三段の移り行きによって説かれるのである。

(A)　実践的感情、すなわち全然個別あるいは主観に没入せる普遍あるいは客観としての感情、これが三段に展開せられる。

㈠　実践的感情の即自の段階、すなわち主観としての感情。それは全然個別的でありつつ客観と主観とに分かたれる。この分離の感情が欲望であり、絶対的個別性である。この区別によって内と外の区別が生じ、外物が食物飲料というごとく感情に規定されたものになる。その分離の否定が労働であり、さらに労働の否定すなわち加工された客観の否定、それによる主観と客観との同一が享楽である。

㈡　実践的感情の対自の段階、すなわち客観としての感情。それは特殊の契機において一つの全体と見られる。そこに主観から客観への移り行きがあり、労働は所有物になる。すなわち労働が客観に包摂せられ、物としての労働となったのである。労働を包摂せる生ける客観は、植物、動物及び叡智(あるいは人)の三段において捕えられる。最後の段階たる人は、他人に対して客観であるが、他人もまた我れにとっては客観である。かく主観であるとともに客観である人を一つの全体として見れば、そこにも三つの契機がある。無差別の側から見れば男女の両性、他者において己れを見るところの愛、差別の側から見れば親と子、さらにこれらの総合としての相互作用及び人の陶冶である。

㈢　実践的感情の即自かつ対自の段階、すなわち主観としての感情と客観としての感情との総合。これが子供、道具、話《はなし》という三段に分かれている。(イ)子供は右のごとき主観客観の総合が主観として現われたもの、あるいは個人として現われた自然感情である。ここで両性の差別が完全に無くされ、両者が絶対的統一となる。したがって子供は男女両性の全体性の感情として、個人的実在的な生ける実体である。(ロ)道具は右のごとき総合が客観として現われたもの、その実体は死せる物質である。労働の主体に使われる側から見れば主観的であり、労働の対象に向けられる側から見れば客観的であるがゆえに、道具において主観は己れと客観との中間を形成する。この中間が労働の実在的合理性である。そこで労働の主観性は道具において普遍に高められる。道具という物になる。だから道具は労働やその産物やその享楽などよりも高い。自然民族においては道具の尊崇さえ行なわれている。(ハ)話は前の両者の全体性である。すなわち理性の道具、叡智者の子供である。それは一方において叡智の個体においてあり主観的であるが、その物体性においては客観的普遍的である。ここに実践的感情がその最高の具体性を獲得する。が、また話自身がその内部に三段の展開を持っている。(a)話は主観的には身ぶりである。主観あるいは実体がここではただ客観性の形式に己れを現わすのである。(b)話は客観的には物体的な記号である。ここで話は外的物質としての物体になる。(c)上の両者の合一が音による話である。言葉である。叡智の合理的な結合である。ここで抽象的客観性が個性を獲、普遍的な言葉が特殊の主体を現わす。それは絶対的個別性の物体化である。だから話の物体性がここでは個性の内に総括せられた全体性を表現することになる。かかる言葉が実践的感情の最高の華である。(B) 叡智。実践的感情においては個別が支配者であったが、ここでは普遍が支配者となり、個別特殊が観念的なものに規定せられる。これもまた三つの段階によって展開している。

(一) 普遍者は個別者を支配しつつ、ただこの個別者にのみ関係する。これは労働と所有物との純実践的・実在的・機械的な関係である。(イ) 普遍者を背負い込んだ特殊者はそれによって観念的になる。この観念性がその分割である。労働は分割せられて個々の労働になる。それは多様を含まない普遍であるがゆえに、また機械的になる。そこで道具は機械に転ずる。(ロ) 主観及びその労働が限定せられてくると、労働の産物もまた限定せられる。すなわち個別的産物になる。そこで所有物は主観の実践的感情への意義を失って、過冗に転化する。それは一定の個人の欲望にかかわるのでなく、普遍的な使用の可能性にかかわるのであるから、使用への関係は普遍的である。(ハ) 所有者としての主観が普遍的になると、承認された所有者になる。なぜなら承認は、この主観を他の個別者との関係において個別有として承認するのだからである。そこで所有物は承認された所有物、正しいとされた所有物、すなわち財産になる。財産における普遍性を抽象すればRecht(法あるいは権利)である。

(二)　過冗労働と財産とによって個人的な関係(すなわち己れの使用のための労働や己れの労働を破壊する享楽)は止揚せられる。労働と所有物とは普遍的になる。ここに普遍者たる法が働き出すのである。法が物に反映すればその物と他の物との同等、すなわち平等であり、限定された物に平等の形式で現われた法は価値である。価値は観念的な尺度であるが、それが現実的になれば価格と呼ばれる。そこでまず、(イ)交換が可能になる。交換において初めて平等なものが個人の欲望に関係させられるのである。従ってそれは財産の相互承認を意味する。(ロ)交換が現前に行なわれずして、可能性あるいは自由としてとどまる場合。ここでは物はただ価値として見られる。(ハ)この可能性と現実性との総合が契約である。ここでは交換は観念的でありながら必然的な確実なものになる。交換は行なわれたと同じに見られ、物についての権利はすでに他人に移されている。(ニ)観念的な権利の移行が真に必然的と見られたるためには、この移行が絶対的実在性を持たねばならぬ。従って現在の契機を含む普遍性あるいは観念性が存せねばならぬ。それが契約を可能にする根柢としての「精神」である。しかしそれはこの段階においては取り扱うことができぬ。

(三)　前の両者の無差別。交換や所有物承認の関係がここで全体性となる。これが同時に衝動の最高段階であって、個別性の立場における普遍の最高の現われである。(イ)特殊と普遍との不完全な合一、すなわち関係。過冗が無差別の内に普遍として、すなわちあらゆる欲望の可能性として措定せられると、貨幣になる。労働は過冗を生産し、機械的に一様に普遍的交換の可能性に関係する。貨幣はこの可能性の抽象としてあらゆるものを媒介するがゆえに、この媒介が一つの活動として、すなわち商業として措定せられ、過冗と過冗とを交換することになる。(ロ)個別性の段階における全体性の持つ普遍性、すなわちあらゆる規定の無差別としての個人。それはまずその無差別の契機より見られれば、(a)形式的な生けるものである。前に個物の所有者であったものが、ここでは一つの全体として独立に有る者になる。かかる個人は生を持つのでなく、生と同一である。生(das Leben)は個別者の最高の無差別にほかならない。しかしそれ自身は個別的規定を含まない空虚な統一であって、差別から構成せられる全体性ではない。だからこの段階において個人は絶対的主観性である。かかる絶対的抽象の個人が人格(Person)と呼ばれる。この個人を差別の契機から見れば、(b)生ける個人対生ける個人の関係が成立する。しかし生の力は不平等である。一は無差別であって限定せられない生、すなわち自由、他は差別であって限定せられた生、すなわち不自由。この両者の関係が支配と隷従である。個人の多数性があるところには関係があり、関係のあるところには支配と隷従がある。ところでこの関係は個別性の立場でのそれであるがゆえに、隷従はあくまでも個別者への服従であって絶対的普遍者への服従ではない。ここに人倫的な支配服従の関係との明白な相違がある。(c) 支配隷従の関係が無差別化せられると、そこに自然的人倫の全体性としての家族がある。家族においてこれまでのあらゆる特殊性が合一せられ、普遍者に化せられている。すなわち家族は欲望と性的関係と親子関係との同一である。欲望について言えば、男と女と子供との絶対的自然的合一においては、人格や主観の対立は消え、過冗は一人の者の財産とはならず、財産についての契約もなくなる。過冗や労働や財産は絶対的に共同態的である。性の関係においても同様に差別はなくなる。しかしこの無差別はそれ自身特殊であって、ただ二人の個人の関係にのみ限る。それが婚姻であって、契約よりも高い段階に立っている。最後に子供は家族の最高の全体性を現わし、自然的人倫の段階においての絶対者・永遠なるものである。(もっともこれは自然の段階の中でのことであって、真の全体性なのではない。)

以上が自然的人倫すなわち衝動の段階である。それは家族において最高の全体性を獲得する。しかし人倫は絶対的全体性へ迫り行くのであるから、さらに自然の段階を超えて進まねばならぬ。それが否定の道を通じて行なわれるのである。元来自然の段階は個別性を、すなわち差別を原理とした。従ってそこに現われる無差別は抽象的形式的に過ぎなかった。しかし無差別すなわち絶対的全体性は、差別を閉め出したものではなくして、差別を絶対的普遍性の内に取り込んだもの、すなわち差別を止揚したものでなくてはならぬ。そこで第一段階の原理たる差別を否定することが第一段階を超えしむるゆえんとなる。ところでこの否定あるいは破壊が純粋に否定的であるならば、差別は観念的限定として保持されつつ実在的に破壊せられる。言いかえれば実在的な差別が観念的差別に転化させられる。これは否定的なるものが固定され、従って対立が固守されることを意味する。しかし真の止揚はそうであってはならない。絶対的人倫は差別を観念的な限定として(すなわち対立として)は破壊するが、しかし差別の本質は存立させておく。すなわち否定が固定されず、実在的な差別が絶対者の中で合一する。前者は否定的な止揚であり後者は肯定的あるいは絶対的な止揚である。それを例示すれば前者は殺人であり後者は人倫的共同態である。いずれも個別あるいは主観としての生物を廃棄するのであるが、殺人は生物の客観性を破壊しそれを亡きものとして措定する、それに反して人倫は生物の主観性を、すなわち観念的限定を破壊しつつ、それを叡智として、あるいは人間の生として活かすのである。

そこで右の否定的な止揚が第二の段階「否定的なるもの、あるいは自由、あるいは犯罪」として掲げられる。この否定的なるものあるいは純粋自由は、客観性の止揚を目ざし、観念的規定あるいは否定的なるものを本質とする。従って実在的規定を否定し、この否定を固定させる。もちろんこの否定には対抗作用が起こるのである。犯罪には復讐的正義が絶対的に結びついている。それの観念的な現われは良心である。

さてこの否定は、抽象的なるものより具体的なるものへ展開する。(一)は個別的なるものに向かわずして一般に形成せられたものに向かうところの自然的破壊である。ジンギスカンやタメルランの劫掠《ごうりゃく》がその例に引かれている。その対抗作用は憤怒である。(二)は個別的規定に対する破壊であって、所有物に向かう。所有の承認の実在的止揚が強盗や窃盗である。それは人格の毀傷《きしょう》をも意味する。その対抗作用は強制である。(三)は右の二つの否定の全体性として生あるいは人格全体を目ざす。名誉の毀損がそれである。そこに全人格対全人格の闘争が起こる。そこで否定の全体性が殺人、復讐、戦争の三段において考察される。殺人は人格全体の否定であるが、しかしこの人は家族の一員であり、従って殺人は家族の生を毀傷したのである。そこで家族は復讐する。が、殺人者もまた家族の一員であるゆえに、そこに家族対家族の争闘が惹き起こされる。この場合には復讐する側が正しいのであるが、しかし生ける団体が大となるに従って右のごとき毀傷は意味を減じ、従って権利も縮小する。双方の立場が平等となれば、この争闘は戦争となる。その対抗作用は平和である。

右の第二の段階は普遍を原理とするものであるが、しかしこの普遍においては関係からの自由、すなわち一つの側が他の側によって破壊せられることが最高となっている。このような否定は人倫的でない。そこで第三の段階は第一段階の自然を超えるとともに第二段階の否定をも超えたものでなくてはならぬ。それが実在的差別を活かせた絶対的無差別としての人倫である。

人倫においては個人は永遠の仕方で存在する。個人の経験的な有と行とは絶対的に普遍的である。なぜなら行為するのは個人的なものではなくして個人における普遍的絶対的精神だからである。とともにまた人倫の普遍的な側面は民族であり、民族において多数個人の集合の関係が措定される。この関係はあらゆる個人を普遍性の下に包摂するのであって、関係を措定せぬ集合、すなわち絶対的な個別性たる集合とは異なる。従って絶対的な無差別である。人倫においては民族がかくのごとき生ける無差別であってあらゆる自然的差別を滅却しているがゆえに、個人はあらゆる人において己れ自身を見る。個人は「主観的客観性」に達したのである。普遍者「精神」はあらゆる個人の内に、またあらゆる個人に対してあるのである。かくして個人は特殊的意識として絶対的に普遍者に等しい。この普遍性、すなわち特殊性と絶対的に合一せる普遍性が、民族の神性である。この普遍者を特殊性の観念的形態において直観すれば、民族の神になる。

右のごとき人倫の生ける全体性をその契機に従って考察するに当たり、ヘーゲルはその静態を国家の構造とし、動態を統治として把捉した。ラッソンの遺稿の区分では前者をのみ取り扱ったことになっているが、しかしその中にはすでに「静態的体系としての人倫」及び「統治」の二部が含まれている。そうしてそれらはいずれも有機的全体性としての民族の実在的な契機を考察しているのである。

静態における人倫の体系は、人倫が個別性の止揚として具体的普遍であることを明らかにする。この普遍は主観性あるいは個人的な生に対立せしめられる形式的な普遍ではなくして、かかる特殊と直ちに一であるところの普遍である。そこでこの「生ける独立な精神」としての人倫は、絶対的個人としての個々の成員に現われつつ、しかも絶対的普遍者であり、従って個人として現われる普遍性の各部分がまた目的として現われている。かかる具体的普遍を理解せずして特殊と普遍の分離の立場にとどまれば、そこに普遍への特殊者の隷従として道徳法への隷属が考えられ、また個人が絶対的人倫を包摂した場合として「個別者の人倫」すなわち徳が考えられる。これらが通例「道徳」と呼ばれるものであるが、それは人倫の現象形態であって本質ではない。

そこで具体的普遍としての人倫は三つの契機において考察せられる。㈠は絶対的人倫である。それはあらゆる徳の無差別であり、従って個別の立場の人倫ではない。だから祖国や民族への愛というごとき個別的なものとしてではなく、祖国の中でしかも民族に対しての絶対的生活として現われる。それは民族における永遠なるもの、神的なるものであって、絶対的、存在的、有的であり、何ものにも覆われることなく、直接に示現する。そこでは個別性・差別は止揚せられているゆえに、それは絶対的真理であり、絶対的陶冶であり、絶対的利他であり、最高の自由と美であり、そうして苦なき浄福である。かかる絶対的人倫がその動態においてあらゆる徳として己れを現わし、絶えず変遷して行くのである。差別に現われてそれを止揚する、というのが人倫の活動にほかならぬ。

㈡は相対的人倫である。これは個別性従って関係にかかわる人倫であって、法あるいは権利を作るがゆえにRechtschaffenheit(正直)として規定せられる。ここでは各人がその所有を保持するのが権利である。かかる人倫の全体性は個別者の経験的存在にほかならない。絶対的人倫はここでは単なる思想に過ぎぬ。従って生ける全体性に対し全所有あるいは生命をささげるというようなことはない。利他も犠牲もきわめて狭く限定せられる。

㈢は信頼である。㈠の無差別と㈡の差別との中にあってそのいずれをも自覚しない粗野な人倫である。が、絶対的人倫に信頼して身を委せつつ、自然のままに有用なるものを作り、権利を知らずして財産を保持している。

以上の三つの形態は人倫の絶対的全体性の中では同様に実在的でなくてはならぬ。で、ヘーゲルはその実在的な表現を身分として把捉する。絶対的な自由な人倫の身分、正直の身分、及び自然的人倫の身分がそれである。㈠絶対的身分は絶対的人倫を原理とする。それは民族の全体性を表現するがゆえに、その仕事もまた普遍的であって、統治や勇気の仕事である。他の身分との関係から言えば財産や所有の安全保障である。㈡正直の身分は欲望や労働、所有、利得、財産などの内に成立する。ここでは差別が確固としているゆえに、右の諸関係における統一は「考えられたもの」に過ぎぬ。この抽象的な内容なき力が個人に対して実在的な力となって来るとともに、個人は市民ブルジョワになる。そこには一般的な欲望の体系があり、自由なる個性は失われてしまう。従ってこの身分には徳や勇気はない。㈢の自然的人倫の身分は農民階級である。その人倫は絶対的身分への信頼であり、その全体性のゆえに勇気の徳を持つことができる。

静態における人倫の体系は以上のごとき三つの身分として明らかにせられた。ところがかかる人倫的生の過程は「統治」の問題として取り上げられる。統治する者は個人に対立する普遍者であるとともにまたこの個人を含む全体性である。前者の場合には普遍的統治、後者の場合には絶対的統治と呼ばれる。

㈠絶対的統治とは絶対的人倫の実在性たる第一身分の統治ではなくして、かかる身分の相違を止揚した祭司や長老の統治なのである。長老や祭司は絶対的全体性の肉体化にほかならない。従ってこの統治は絶対的全体性の統治、あるいは民族における神性の統治である。しかもそれは身分の別を前提とするがゆえに、形式的な空虚な普遍者の統治とは異なっている。絶対的統治は神的でありそれ自身において権威づけられたものであって、作られたものではない。

㈡　普遍的統治は現実の統治を取り扱っている。絶対的統治が不変なものであるに対して普遍的統治は運動にかかわり、従って歴史的民族的に異なるものである。なぜなら全体の運動とは、普遍と特殊とが絶えず分離しつつしかも特殊が普遍の下に包摂せられて行くことであり、従ってこの包摂すなわち統治はその時々の分離に限定せられているからである。ところで右のごとき分離と包摂の運動は三つの契機の合一にほかならない。一は特殊に対立せしめられた普遍、二は形式的普遍性への観念的な包摂、三は具体的普遍性への実在的な包摂である。それに応じて全体性における運動の体系が三つに分かれる。一は絶対的同一性すなわち普遍が感情として内に隠れている場合、すなわち欲望の体系、二は特殊者が実在的であって普遍者が形式的な場合、すなわち正義の体系、三は普遍者が絶対的であって特殊者を完全に己れの内に取り入れている場合、すなわち訓練の体系である。欲望の体系は経済生活における統治を取り扱っている。ここでは統治者は無意識的盲目的な欲望及びその充足の仕方の全体として現われる。個人の欲望や労働はこの全体に対しては何事もなし得ず、ただそれによって規整せられるのみである。ここに経済組織が成り立ってくる。正義の体系は司法としての統治である。個人の欲望が承認せられ、個人の所有が正しいとせられるとともに、あらゆる自我が法の主体になる。かかる自我の集合全体からその量を捨象すれば、そこに公共的な権力がある。この権力の自覚せられたのが司法である。だから司法としての統治はあらゆる法の全体にほかならぬ。個人はこの統治にとって全然無差別的な普遍的な人格である。そこでこの統治の組織原理は統治者自身が被統治者であるという自由であって、それが機械的に構成せられると裁判所の組織になる。最後に訓練の体系においては絶対的普遍者が個人を限定する。それが教育、陶冶、訓練、植民などとしての統治である。真理における教養陶冶は、己れを形成し相語り自覚するところの民族にほかならず、訓練は一般的な風俗や秩序として現われる。植民は民族が他の民族を産み出すことである。

以上絶対的統治及び普遍的統治に対してさらに第三の自由統治が断片的に説かれている。自由統治の可能な形態は民主制・貴族制・君主制であるが、君主制は人倫の絶対的実在性を個人に表現したものであり、貴族制はそれを多数の個人に、民主制はそれをあらゆる個人に表現したものである。

『人倫の体系』の説くところはほぼ以上の通りである。それが人間の存在構造の分析であることは一目瞭然であると思う。もとよりそれは後の『法の哲学』のように整ったものではない。しかし人間の存在を個別と普遍との統一において把捉しようとする意図は全篇を貫ぬいている。特にヘーゲルの考え方の特徴として注目すべきことは、この個別と普遍との統一が一面において個人と社会との関係を意味するとともに、他面において主体と客体との関係を意味していることである。主体が客体化することを通じて己れを実現するという過程は、特に衝動の段階において顕著に説かれている。しかしそれはたとい個別者の立場において考えられる場合でも、個人対社会の関係を捨象して単に個人意識における主観と客観との関係として取り扱われるのではない。衝動は主観を客観の方へ追いやるものであるが、しかしそれは同時に個人を社会の方へ追いやるのである。抽象的に個人として措定せられたものはその本質においては生ける全体性であり、従って個人の欲望や労働として取り扱われるものは具体的には社会における個人の欲望や労働である。だから衝動の立場においてすでに財産や貨幣や、ついには家族までが取り扱われ得たのである。かく見れば人倫の体系において展開せられるあらゆる契機は、具体的なるいかなる人間存在のそれぞれの契機として、言いかえれば最後に到達せられた具体的普遍を絶えず前提としつつ、理解せらるべきものであろう。

このことを我々はヘーゲル自身が「自然法の学的取り扱い方について」の論文において力説していると考える。この論文はまず初めにホッブスやロックに代表せられる経験論的方法を斥け、次にカントーフィヒテ的な形式主義的方法を批判し、最後に絶対的人倫の学の方法を説いたものであるが、それがちょうど人倫の体系の三つの部門に対応して、個別性の立場、抽象的普遍の立場、及び具体的普遍の立場の三つを示しているのである。ヘーゲルの立場は個別や抽象的普遍を具体的普遍の契機として取り扱うにある。この立場から前の二つの立場を止揚するのがこの論文におけるヘーゲルの仕事であった。

ホッブスの問題は次のごとく言い現わすことができる。「いかにして物理的自然から人倫的自然が出て来たか。」あるいは「自然状態としての何らの連絡なきアトム的個人が、いかにして統一や秩序の状態に達したか。」この問いのホッブス的な解決に対するヘーゲルの批評はこうである。経験論は経験的事実から恣意的偶然的なものを取り除いて最少の必然的なものに達しようとする。そうしてこの根源的な統一から他の一切を説明しようとする。その根源的な統一が渾沌である。人倫の場合にはそれが人の自然状態とせられる。経験的に与えられている法的状態からあらゆる恣意的偶然的なもの、すなわち過ぎ行く特殊な風習として歴史や教養や国家に属する一切のものを取り除き、ただ絶対に必然的なもののみを残せば、そこに赤裸々な自然状態における人が、すなわち抽象人が成り立つ。それがアトムとしての個人である。しかしこの抽象は絶対的否定的な統一にまで達するのではなく、特殊や対立の多数を消すとともにまたさまざまな規定を残している。アトム的な個人は相互の間の統一を持たずしてしかも人としてのさまざまな欲望を持つのである。そこで彼らは絶対的な抗争に陥る。この抗争が人倫のエネルギーである。抗争による害悪を避けんがために、対抗的な個人が一致に達しなくてはならぬ。そこに個人にとって外的な全体性が形成せられる。それが社会や国家であると言われるのである。そこで自然状態あるいはアトム的個人と、個人に対立する国家とが、それぞれ特殊なものとして固定せられる。個人の自然的な自由や権利は国家において失われ、国家は人倫的自然の廃棄を要求する。これが経験論の結果である。ところでこの考えは第一に自然状態の抽象において誤っている。経験論においては何が偶然的であって何が必然的であるかの標準は存しないのである。従って他の一切を説明すべき根源的な統一、すなわちアプリオリなるもの、を見いだすところの原理が、実はアポステリオリだということになる。第二にはそれと連関して、自然状態の抽象が、国家に属するものの排除として行なわれている。従って自然的個人と人工的国家とは、互いに相排除するものとして、対立的に固定せられるのである。これは個人と社会とをいずれも抽象化し非真実化することにほかならぬ。絶対的人倫は右の両者を同一として含むものである。

従って国家自身が絶対的な人倫的自然として自然的個人の本質でなくてはならぬ。ホッブス的立場におけるごとく、国家すなわち人倫的関係が実在し得るために人倫的自然が廃棄せられねばならぬのであるならば、かかる自然はもともと人倫的なるものではなく、従って人倫の根源であることもできない。またそのような国家は有機的全体性であることもできぬ。

このヘーゲルの批評は一面においては経験論の立場に対する批評でもあるとともに、また他面においては個人主義的人間観に対する批評でもある。人間存在を個人的社会的なる具体的統一として把捉しないことが、この立場を全然抽象の内に陥れたのである。そこでは主観の絶対性にもとづいて幸福説が主張せられ、特に自然法においては「反社会主義的」な(S. W., I. 343.)、個人の有を最初最高とする体系が形成せられる。

しからばカントやフィヒテの形式主義的立場はどうであるか。ここでは右のごとき抽象がさらに純粋抽象にまで押し進められているということができる。なぜなら特殊と普遍との対立はここでは極端にまで押し進められ、多様なる有と多様性の否定たる純粋統一とが実在的に対立するとせられるからである。普遍はかくして差別を含まない無差別者、抽象的普遍に化してしまう。

我々は前にヘーゲルがカントの人間の学の内奥の核を活かしていると言った。それはカントが「人」をば差別的・無差別的、経験的・可想的の両面の統一として把捉していると見たからである。しかしもしカントの特徴をこの両面の峻別にのみ認めるならば、ヘーゲルはちょうどこの特徴を斥けざるを得ない。非理性的な多様の実在すなわち自然を、純粋統一としての理性に対立せしめることは、この両者をいずれも本質なき抽象に化することだからである。ヘーゲルはこのことを次のように言っている。(I. 360.) 法や義務の本質(すなわち純粋統一、無差別)と、思惟し意欲する主観(すなわち多数性、差別)とが、絶対的に一であることを認めたのは、カントやフィヒテの哲学の偉大な側面である。しかし彼らはこの立場を忠実に守らずして、両者の分離を絶対的に措定した。従って両者の統一たる絶対者は単に消極的な絶対者として抽象化せられてしまう。とともにまた分離せられた両者も単なる可能性に化してしまう。そこで差別的な主観から引き離された特殊者としての法や義務、あるいは法や義務から引き離された差別的主観が可能であるとともに、また両者の結合も可能である。法との結合の場合が合法性であり、義務との結合の場合が道徳性である。かく人倫的なるものが合法性と道徳性とに分離せられ、そうして両者がいずれも単なる可能性に過ぎないとすれば、具体的な普遍者すなわち真に人倫的なるものは見失われてしまうのである。

かくのごとくヘーゲルは、カントが差別と無差別との統一を目ざした点に敬意を払いつつも、両者の分離に固執したことを非難するのである。カントの実践理性は（その優位の主張において右のごとき統一を目ざすにもかかわらず）、実在的なるもの・非理性的なるものの外にあって、これと対立せしめられている。感性・傾向性などと呼ばれる実在的なもの（多）が、理性（純粋統一）と合致しない（一と多の対立）。そこで理性は自発的に感性を制限する（統一の優先）。かかる立場はあくまでも関係の立場であって絶対的立場でない。しかるに人倫は絶対的である。従って実践理性の立場は人倫の立場ではない。カントのごとく実践理性の本質を純粋統一とすれば、人倫の体系が説き得られぬのみならず、法則が多数であることさえも不可能であろう。個人的意志の格率は限定された内容を持つが、しかし実践理性の法則はこの内容を純粋統一の形式にまで高めるだけであって、自ら内容を持つのでない。かかる抽象的な普遍性は内容を毫も変更することはできぬ。従って純粋実践理性の立法という自律の能力も、実は「財産は財産である」というごとき同語反復の産出に過ぎぬ。財産というごときものの人倫的意義に関しては実践理性は何ら関与するところがない。

形式主義に対する右のごとき批評は明らかに二つの契機を含んでいる。一は無差別的全体性と差別的個人との分離に対する非難であり、他は観念的可能的なる抽象的普遍性と現実的経験的なる自然の多様性との分離に対する非難である。道徳法、普遍的自由、普遍的意志などと呼ばれるものと、主観、個別的自由、個別的意志などと呼ばれるものとの間の対立は、右のごとき両面から止揚せられねばならぬ。ヘーゲルが人倫と呼ぶものは、この両面において差別的限定の無差別たる一つの全体である。(I, 375.) そこでは可能性と現実性とは分離せられずして絶対的の現在であり、人倫的普遍性は単なる抽象的法則性ではなくして歴史的現実に己れを実現している。実現とは人倫が自然的歴史的なる差別の相に己れを現わしていることである。が、このことは単に人倫的普遍性が差別的自然において己れを客体化していることを意味するのみならず、また差別的個人に現われていることをも意味する。形式主義においては自由は個別性の滅却であり、普遍的意志の自由は個人においてただ当為あるいは強制としてのみ現われた。すなわち具体的自由たる個人の自由は立てられ得なかった。これは普遍性と個別性とを対立せしめたことにもとづくのである。人倫は差別的個人の無差別であるがゆえに、差別的個人はまた人倫的全体性の一成員にほかならぬ。単なる個人とは抽象である。個人が差別的であって外なる者に関係する、というこの外面性自身が、無差別であり、生ける関係である、ということにおいて、組織が成り立つ。そうして組織の中にのみ全体性があるのであるから、組織とともに人倫の積極的なるものが成り立つのである。(I, 360.) ここに初めて個人の自由も存立する。

かくしてヘーゲルは、抽象的個人の立場や抽象的普遍の立場を斥け、これらをただ絶対的人倫の契機として示そうとするのである。実在的絶対的人倫が抽象的普遍と抽象的個別とを己れの内に合一しているとすれば、その絶対的人倫は直接的には個別者の人倫であり、しかもこの個別者の人倫の本質はまさに実在的な従って普遍的絶対的な人倫なのである。すなわち個別者の人倫は全体系の脈搏であり、そうして全体系そのものである。(I. 396.) ここでヘーゲルは言葉に訴えていう、絶対的人倫は本性上普遍者あるいは風習(Sitte, ēthos)である。人倫を言い現わすギリシア語とドイツ語とはこの本性をよく表現している。そこで孤立的個人を原理とする近代の人倫の体系は、普遍を言い現わすこの語の力に押されて、その個人的立場を表示するためにMoralitätという言葉を取った。この語も語源的には風習を意味するのであるが、しかしむしろ故意に作られた言葉であるから、その間違った意味づけがさほどのきしみを感じさせないのである。ここにヘーゲルがSittlichkeit(人倫)とMoralität(個人的道徳意識)とを峻別したゆえんが存する。彼が人倫という言葉に固執するのは彼の全体性の立場を表示するがためにほかならぬ。

しかし絶対的人倫が本質上普遍者であるならば、それが普遍者として個別者に反映するのはいかにして可能であるか。ヘーゲルはそれを否定によって説く。個別者に現われた人倫は否定的なるものすなわち消極者である。このことは第一に否定に先立って積極的なるものが、すなわち民族としての絶対的人倫的全体性が、措定せられることを意味し、第二に個人の徳が否定の形式の下に、普遍的精神の可能性として、措定せられることを意味する。

ここにヘーゲルが民族と称するものはアリストテレスのポリスに当てて用いられたものである。彼はポリティケーの中の有名な句を引いて次のごとく訳している。(I, 396 f.)「民族は本性上個別者よりも先である。なぜなら個別者は孤立させられれば何ら独立のものでなく、従ってあらゆる部分と同じく全体と一つの統一をなさねばならぬからである。共同態的に有り得ぬもの、あるいは独立性のゆえに欠くるところなきものは、民族の部分ではなくして、獣か神かである。」ヘーゲルはこの民族を人倫的全体性、積極者としたのである。人倫が民族の純粋精神である限りそれは個人のたましいであり、個人のたましいである限りそれは個人において表現せられる。だから民族はあくまでも個人に先立たねばならぬ。

ところで絶対的人倫の全体性が個人において己れを表現するのは、全体性が己れを限定すること、すなわち否定することである。ここで全体性は可能性となる。だから個人に属する人倫的性質、たとえば勇気、節制、倹約、寛大等は、否定的すなわち消極的人倫である。その意味は、個別性が、個別者の特殊性において真に固定せられ、実在的な抽象とせられる、ということなく、普遍的人倫となる可能性として、消極的に全体性を示しているということである。言いかえれば個人の人倫は、普遍的人倫でない形によって、普遍的人倫を現わしているのである。

個人における人倫的性質、すなわち徳は、このような否定態における人倫として規定せられた。すなわちそれは絶対的人倫が否定的なるものとしての個別者に反映したものである。かかる徳が道徳学(Moral)の対象である。しかるに道徳という語は通例個別性を固定した孤立的個人の立場において用いられる。ヘーゲルはそれをブルジョワあるいは私人の人倫と呼び、Moralität の語をここに適用しようとした。従って道徳学(Moral)の語を右のごとき Moralität の学に限定するならば、前述のごとき徳の叙述のためには Ethik の名を取るべきであるという。この区別に従えば Ethik は消極的人倫の学、あるいは全体と無差別なる個人の人倫の学であり、Moral は所有や財産に固着して勇気を欠如せるブルジョワの人倫の学である。

そこで Moral や Ethik に対する自然法学(Naturrecht)の領域もまた明白に定められて来る。自然法学はブルジョワ的私人の人倫あるいは個人の人倫の学ではなくして、実在的絶対的人倫の学である。それは人倫的自然(sittliche Natur)がいかにしてその真実の法(Recht)に到達するかを構成しなくてはならぬ。しからば道徳学と自然法学との関係はカントやフィヒテにおけるとはちょうど逆にならざるを得ぬであろう。人倫の学の最も根本的なるものは自然法学、従って法の哲学であり、道徳学はその内の一の契機を形成するに過ぎない。

かかる立場においてヘーゲルはいわゆるEthikを限局し法の哲学を拡大したのである。だから彼の法の哲学は単なる法律哲学ではなくしてあくまでも人倫の学であり、従って狭義の法律哲学・道徳哲学・経済哲学等をことごとく含むのである。我々はすでに『人倫の体系』において人倫の学が人間の存在構造を根本的に取り扱おうとするものであることを見て来たが、自然法の論文における絶対的人倫の開明も根柢においてはそれにほかならぬ。絶対的人倫は一つの形態(Gestalt)として己れを組織している。この人倫的組織、すなわち人倫的全体性が、ポリスの意味における民族である。それはGestaltとして関係をば無差別自身の内に完全に取り入れている。しかも関係はGestaltにおいて無差別化せられつつ関係たることをやめない。その関係には差別あるいは実在的なるものが支配的である場合と、統一あるいは観念的なるものが支配的である場合とがある。それに応じて実在的実践的なるものの領域(学としては経済学の領域)と、法の領域とが構成せられる。絶対者あるいは人倫的なるものはこの両者の上に位するのである。そこで全体性の体系においては、これらがそれぞれの「身分」として構成せられる。自由者の身分は絶対的人倫の個人であって、全然全体のために、全体において、公的に生きる。不自由者の身分は実践的及び法的なる領域の実在性であって、そこには私的な目的や私的な関心が支配する。この二つの身分は全体の構成分としていずれも欠くことができぬ。ローマの頽廃は自由者の身分が亡び不自由者の身分のみが残ったこと、すなわち私的生活のみが残ったことを意味する。公的人倫と私的人倫とはともに生きていなくてはならない。かかる人倫的組織が人間の存在構造についての一つの解釈を示していることは言うまでもないであろう。

ヘーゲルはその『人倫の哲学』において右のごとき人倫的組織が取り扱わるべきことを主張する。そこで方法論的に一つの重大な要求が掲げられることになる。人倫の統一は個々の限定が固定的たり得ないがゆえに絶対的でありまた生ける統一なのである。個々の限定は全体性において絶えず打倒され廃棄される。なぜなら、個々の限定の内的生命は全体性であり不可分割的であるがゆえに、一の限定は他の限定によって破却され、あるいは後者が全然前者に移り行いて後者自身を破却する、というごとき運動が行なわれるからである。全体自身はこの運動を通じてすべてが止揚せられた絶対的静止へ帰って行く。人倫の哲学はこのような生ける全体性を捕えなくてはならぬのである。実証的な法律学はこの方法的な自覚を持たない。全体の一契機に過ぎない限定を全体から引き離し、それを独立的実在的なものと考える、というような抽象の立場に立っている。しかし全体の一部分が組織化せられて全体を支配するに至るのは、死の始まりである。所有と財産を取り扱うブルジョワ法の体系や原理が人倫のあらゆる領域を支配すると見るごときは、道徳的原理が人倫の体系を律すると考えるのと同様に、全然人倫的組織の理念を喪失したものと言ってよいであろう。

ところで右の方法はまた人倫的組織が一の個性であり形態であることを忘れてはならぬ。生ける全体性においては個々の限定は固定的でないにしても、しかも人倫はこのような特殊的限定を己れの内に含んでいるのである。この側面は個性や形態の内に組織づけられている非有機的性質であり、従って必然性である。たとえばある民族の一定の風土、文化史上の一定の時代のごときは、この必然性に属する。必然性の長い鎖のただ一つの環が民族の現在と結びつき、そうして人倫的個性を組織しているのである。言いかえれば民族の人倫的生命性は形態を持つことにあり、そうしてその形態の内には普遍性と絶対に合一しまた普遍性によって生命づけられている特殊的限定があるのである。世界精神はいかなる形態の内にも己れを感じ、いかなる民族、いかなる風習法律の全体においても己れの本質を見いだす。この点が人倫の哲学にとって重大なのである。絶対的全体性が己れを組織せる全体系は、右のごとき全体者の個性から、民族の一定の性格から、認識せられねばならぬ。しかしこの個性は固定せられたものではなくして成育し変転するものである。生ける風習は差別的限定として現われる全体性であるがゆえに、絶えず成長する。法律の生ける根柢はかかる風習にほかならない。しかるに一定段階の風習に法律の形式が与えられると、それは固定せられ絶対化せられる。ここに風習と法律との分離や食い違いが始まる。それが昂じて来れば飛躍的に実定法の廃棄が行なわれるのである。かかる個性の発展に着目すれば、人倫の哲学はまた絶対的精神とその形態との不一致をも認識することになる。個性、形態と言わるるものは、なお常に相対的である。しからば絶対的形態はいかにして認識せられるか。コスモポリタニズムは無形態性に過ぎぬ。形態なき空虚に堕することなく、絶対的人倫の理念のために最も美しい形態を見いだすこと、これが人倫の哲学の最高の任務である。ヘーゲルはここで精神の自己直観を持ち出している。絶対的理念はそれ自身直観であるがゆえに、理念の構成とともに直接に最も純粋自由な個性が規定せられている。その個性において精神は己れ自身を完全に客観的にその形態において直観する。そうしてその直観そのものを直接に己れ自身として認識する。だからこそ絶対精神であり、完全な人倫なのである。

以上のごとき人倫の哲学がいまだ後の体系におけるごとき精神哲学ではなくして「倫

理学」であることは、精神の概念自身がなお発展の途中にあること、人倫と精神とはほとんど同義において用いられていること、絶対的精神は人倫を超えた段階ではなくして完全なる人倫にほかならぬこと、などによって知られる。人倫的組織の差別的無差別的なる構造を開明すること、それがここでの主要問題である。しかし人倫の哲学は「哲学」として絶対的人倫の認識にかかわる。絶対者は差別的限定に自己を実現し顕示することにおいてまた自己を認識せしめるのである。しかもそれが絶対者であるゆえに、その認識は絶対者の自己認識以外のものであることはできぬ。そこで認識の問題とともに「精神」が人倫を超えて優位を占めて来る。この「精神」の概念とともにヘーゲルの新しい立場が明白となって来るのである。

『精神現象学』はこの新しい立場を最初に輝かしく結晶させたものである。『人倫の体系』においては絶対者は実践的に人倫的組織として己れを実現するものであった。今や絶対者は自己認識の道により意識の諸段階を通じて絶対知に到達し行くものとなる。だからそれが一種の認識論と見られるのも無理ではない。ただここでは認識が「我々」の認識ではなくして精神自身の認識なるがゆえに、認識論もまた絶対的認識の理論となるのである。従ってそこに根拠づけられる経験は理論的対象界のみの経験ではなくして人倫や宗教の世界の経験を含み、その経験の主体も絶対的全体性を認識する主体、すなわち己れを知る絶対的精神となる。かくして精神現象学は、精神が、きわめて限局せられた自己の認識から、漸次その限局を超えて絶対の認識に達するまでの発展段階を、(A)意識―(B)自己意識―(C)(a)理性―(b)精神―(c)宗教―(d)絶対知として取り扱う。そうして『人倫の体系』が取り扱った内容は、ちょうどこの発展段階の中央において、自己意識、理性及び精神として、新しく形づけられているのである。

この体系的な取り扱い方の相違を別にして視野をただ人倫の実現の諸段階にのみ限るならば、精神現象学が人倫について説くところは、根本において前掲の二論文と変わらないとも言える。まず自己意識の段階においてヘーゲルが最も力をつくしたのは、自己意識が単なる自我の意識ではなくして、対立しつつ一であるところの自己意識、すなわち我々であるところの我れ、我れであるところの我々を明らかにすることであった。自己意識は他者としてあることから己れへ還る運動である。他者が対象である時にはそれは欲望となる。が、その他者はまた自己意識である。自己意識はただ他の自己意識においてのみ満足に到達する。このような自己意識の二重化、その二重化における統一、それが自己意識の真相である。ここに我々は自他不二の根本関係が自己意識として捕えられていることを見なければならぬ。自己意識に対して他の自己意識があるということは、自己意識が己れの外に出ていることである。ところでこのことは二重の意味を持つ。(一)

自己意識は、己れを他者として見いだすがゆえに、己れ自身を失っている。㈡しかし他において己れ自身を見るのであるゆえに、その他を廃棄して己れ自身に還っている。しからば己れの外に出て他で有ることとそれ自身が廃棄せられねばならぬ。従って右の二重の意味の廃棄として第二の二重の意味が生ずる。㈠己れ自身に確実となるためには独立の他者を廃棄しなくてはならぬ。㈡しかるにこの他者は己れ自身であるゆえに、それは己れ自身を廃棄し、他者を他者として立てることになる。これが己れの外に出ることを通じて己れ自身に還るということの二重の意味である。言いかえれば、自他の分離において自他の同一が現われるゆえに、自他の対立の止揚において自も他も活かされて来るのである。このような、他の自己意識との関係における自己意識の運動が、行為である。だから行為も自の行為たるとともに他の行為であって、単に一方的な行為は無意義である。かくのごとく自己意識が行為的な自他関係として把捉せられることは、それが意識の発展段階として説かれるにもかかわらず、しかも人倫の哲学におけるごとき人間の根本構造がここで問題とせられていることを示しているのである。だから『人倫の体系』において個人対個人の関係として自然的人倫の高い段階に置かれた支配隷従の関係が、ここでは自己意識の展開として取り扱われている。前者に対して著しい発展と見られるのは、支配隷従の関係における自己意識の弁証法を説き、主と従とがその反対のものに転化することを説いた点であるが、この弁証法もまた他者において己れを知る相互承認の過程にほかならぬ。

　自己意識に次ぐ理性の段階においては、まず静観的理性として第一段階の対象的意識の運動を範疇の中で繰り返し、次に活動的理性として第二段階の自己意識の二重的運動を再び通過するのである。後者を彼は「理性的自己意識の己れ自身による実現」と題している。自他不二において自他を活かせる相互承認の過程が、前には自己意識の運動として説かれたが、それの実現は「人倫の国」にほかならない。なぜなら人倫とは、個人たちの独立的な現実性における、その個人たちの本質の、絶対的精神的統一だからである。そこで活動的理性の目標として説かれるものは、前掲の二論文が絶対的人倫として説いたものと同一になる。自己意識的理性の実現の概念は民族の生活においてその完成せられた実在性を持つ。そこでは理性は普遍的実体であるとともに全然独立せる個々の実体であり、従って個人はその個別性を犠牲にすることによって、また普遍的実体をその本質とすることによって、個別的独立者であるということを自覚している。しかもその普遍者は個別人としての彼らの行為あるいは仕事にほかならぬのである。個人の行為が個別的な欲望にかかわるものでありつつしかも現実性を持つのは、民族全体の力による。個人が己れの欲望のためにする労働は己れ自身の欲望の満足であるとともに他人の欲望の満足であり、己れの欲望の満足はただ他人の労働によってのみ達せられる。だからここには相互的でない何物もなく、また独立有の解消、己れ自身の否定が、直ちに独立に有ることの肯定的な意味をなすのでないような、そういう個人の独立性もない。このような「他者に対して有ること」と「己れに対して有ること」との統一が、すなわち普遍的な実体が、民族の風習や法律に表現せられるのである。しかもそれらは個別的な個性自身の表現にほかならない。法律は個人の有と行とを言い現わし、個人は法律において己れ自身を認識する。これらのことがすべて自他不二において自他を活かせることの実現なのである。そこでヘーゲルは、自由なる民族において、理性が実現せられている、と考える。かかる理性は現在的な生ける精神であり、そこにおいて個人はその規定を、すなわち普遍的にして個別的なる本質を、獲得しているのである。だからこそ、「民族の風習に従って生きることが徳である」と言い得られる。しかしながらまた自己意識は、右のごとき実現の幸福から外へ出ている、あるいはいまだそれを達しておらない。そこでこの幸福を求める道が、活動的理性の段階として、快楽(世界享楽)、心の法則(世界改善)、徳(世界争闘)の三者において取り扱われるのである。

しかしこれらのものはまだ理性的自己意識を実現することはできない。むしろ逆に必然的現実的な世界過程の覆すべからざる力を経験し、それによって打ち克たれる。そこで実現せらるべき普遍的実体はむしろその否定態において、すなわち自足的個人の立場において現われることになる。これをヘーゲルは前にすでに説いたようなホッブス的な孤立的個人の立場や、カント・フィヒテ的な立法的理性、法則検察的理性などとして問題としている。結局理性の段階においては理性自身が目ざすところの人倫の国は到達せられない。

そこで理性と世界との同一の自覚からして精神の段階が現われる。かつての絶対的人倫は、ここでは先行せる意識の諸段階の成果としての精神である。しかもこの精神が人倫的実体たるとともに人倫的現実性にほかならぬのである。というのは、精神は現実的意識の主体たる自己であるとともに、またそれに対立する現実的世界であり、従ってその世界が自己に対して他者でないとともに自己もまた世界と離れて独立せるものではないのである。だから普遍的自同的な実体は、同時に万人各人の行為によって彼らの統一として生産せられる普遍的な仕事である。かく実体がその個別化を通じ運動において現実的な生ける全体となるところに、人倫的共同態としての意義をあらわならしめる。かかる意味において精神は「民族の人倫的生活」であるとともにまた「世界であるところの個人」なのである。ここでは個人は己れを失うことなくして共同態に没入し、共同態は個人において生きる。個人は共同態の成員として自覚し、共同態は個人たちの共同態として自覚する。

しかし精神現象学における人倫は、それが「精神」の一つの発展段階として絶対的でない点において『人倫の体系』と著しく趣を異にする。人倫が実現せられるまでの諸段階においては、すべてが「人倫の国」を目ざすように説かれた。しかし人倫の段階に至ればそれはもはや目標ではなくして一つの過渡段階に転化してしまう。それは再び自己分裂によって前進しなくてはならぬ。前に『人倫の体系』において自然的人倫の頂上に置かれた家族は、自然法の論文において私的人倫として公的人倫との調和にもたらされたが、今やここでは、調和せるこの両者の分裂が、意味深く取り扱われる。共同血統の法則と共同的生活秩序の法則とは、いずれも民族共同態を支配する根本法則であるが、前者は民族共同態の存在の深い根に存するがゆえに地下的法則あるいは神的法則と呼ばれ、後者は風習や法律を含むものとして人的法則と呼ばれる。前者に当たるのが「家族」であり、後者に当たるのが国家における市民的生活である。この二つの法則は民族の生活において調和的にからみ合い、互いに補足し合う。しかし人倫的精神はこの平衡にとどまらずして矛盾に陥り、二つの法則二つの人倫的勢力が葛藤を惹き起こす。家族の義務が国家の義務と衝突する。これが人倫的行為のもたらす結果である。そうしてそこから罪や運命が現われてくる。運命において人倫の国は覆され、我れであるところの我々、我々であるところの我れは、再びアトム的なる我れに逆転する。それが人格である。ここにヘーゲルは「法の状態」を認めている。そこでは人倫的現実はただわずかに法人の概念の内に保たれるが、しかし法人は人倫的内容を己れの内に実現せずして己れの外に見ている。すなわち人倫的精神は己れ自身に対して他となっているのである。この他化せる精神が再び己れ自身と合一しようとする努力において「文化の国」が成り立つ。しかしその合一は達せられずして精神は一層分裂し、他化せる精神はさらに己れを他化する。己れの彼岸を己れの真実とし、信仰の対象とする。ここに文化の国に対して信仰の世界、「本質の国」が成り立つ。ここに知と信との対立が生じ、従って精神は「啓蒙」の時期を通過しなくてはならぬ。そうして彼岸と此岸とに分かれた国は再び自己意識に還って行く。それが道徳性の段階である。ここで精神は深く内に沈潜して良心となり、宗教としての精神の自覚への橋渡しをなすのである。

これらの諸段階を語るヘーゲルの豊富きわまりなき思想は、すべて精神の発展の弁証法的な歩みに貫ぬかれている。しかし我々はこの展開の道程において、人倫の国へ朝宗《ちょうそう》する自己意識や活動的理性の運動と、人倫の国から再び自己意識の中へ沈潜し来たる精神の運動とを、あたかも上昇的と下降的とのごとくに区別することができる。両者は精神の絶対的自覚への道としては総じて上昇的であるには違いない。しかし人倫としては、法の状態となり道徳性となることにおいて、一度実現したものを喪失するのである。ここに我々は、人倫の体系と精神哲学とのいまだ熟せざる接合点を見いだし得ると思う。後の体系に至ればこの順序は全然逆倒せられてくる。抽象より具体へ進む厳密な方法に従って、客観的精神は法→道徳性→人倫と進むのである。しかしまた他面より見れば、人倫がその抽象態において法となり道徳となるという考えそのものには、きわめて示唆に富むところがある。抽象より具体へ進むのは思惟の進行であって現実の生成過程ではない。抽象があり得るためにはすでに具体が与えられていなくてはならぬ。だから人倫を根柢としてそこから法が考え出され、また道徳が反省せられる、と見るごとき立場も、十分その根拠を持ち得るのである。

精神現象学における天才的横溢はエンチュクロペディーに至って静かに整理せられた。が、人倫の哲学から精神の哲学への発展が精神の自己認識という契機を取り入れることによってなされたということは、ここに至って一層明白になる。精神は主観的精神から客観的精神を超えて絶対的精神に至り、しかも絶対知としての哲学に究極する。従って人倫は、客観的精神の中の一段階として、その発展の途中に過ぎぬ。しかも精神の自己認識に朝宗するこの発展は、他面より見れば人倫の実践的な実現段階をことごとく含むのである。かつて『人倫の体系』において取り扱われた絶対的人倫の実現段階が、ここでは主観的精神としての「心」「意識」「精神」、客観的精神としての「法」「道徳」「人倫」のあらゆる段階に散開させられているのである。精神の自己認識は人倫の実践的実現を媒介として発展し、人倫の実践的実現は精神の自己認識を通じてより高き段階にのぼって行く。いずれの発展段階もこの両面の契機を欠くことができぬ。従って我々は精神の哲学をこの両面から考察することによってそこに編み込まれた人倫の哲学をたどり得るのである。まず「心」の段階においては、右の両面がいまだ対立して現われず、従って認識や実践となるべきものはその素材的段階においてからみ合っている。「自然的な心」は風土季節に規定せられる自然精神として、さらには地理的に規定せられる地方精神として、すでに民族の素地である。また子供より老年に至るまでの年配の経過や、男女の性関係として、すでに家族の素地である。しかし心の覚醒や感覚としてはすでに意識や理性を予料せしめる。「感ずる心」は感覚内容に対する主観として、すでに悟性的意識の素地である。しかし習慣としてはすでに人倫的なる風習を予料せしめる。だから右の二つの心の総合としての「現実的な心」は、一方においては心の肉体化、すなわち顔つき、身ぶり、姿勢等の人的表現として取り扱われる。これらは人倫の実践的実現の欠くべからざる一段階である。が、また他方においては心の肉体化によって純粋に有機的な肉体を分出せしめ、この外界に対立して心を主観としての自我たらしめる。そこで心が意識になる。だからそれは精神の自己認識の第一歩でもあるのである。次いで「意識」の段階に至れば右の両面に明白に分かれて来る。悟性に朝宗する「単なる意識」は認識の面であり、欲望よりいでて自他の承認から普遍的自己意識に達するところの「自己意識」は人倫を実現する面である。「理性」がこの両者を総合する。さらに精神の段階に至れば、一層明白に「理論的精神」と「実践的精神」とが分かたれ、そうしてこの後者において、実践的感情、衝動と恣意、幸福などが取り扱われるのである。この両者は「自由なる精神」において総合せられる。そこでこの自由の「物」における実現が、「法」の段階において、「財産」「契約」「法対不法」に展開せられ、「主観」における実現が、「道徳性」として、「企図」「意図と福祉」「善と悪」に展開せられる。この二つの自由の実現の総合が「人倫」である。かく見れば『人倫の体系』における諸問題が精神の自己認識と相結んで精神の哲学を構成していることは一目瞭然であると言わねばならぬ。

しからば人倫の哲学は、精神の哲学の中へ融け込みつつも、そこではなお生きているのである。晩年のヘーゲルが再び自然法学を取り上げ『法の哲学』として詳述した時には、それは右のごとき体系の一部たる客観的精神の学であって、初めのような人倫の哲学ではなかった。ここでは絶対的人倫がその絶対性を失っている。しかし精神の哲学に取り込まれた人倫の哲学が常に何らかの形でその独立性を維持しようとしたことは、ここにも看取せられると言ってよい。

我々はなぜこの点に特に注意を向けるか。それは人倫の哲学における人間存在の構造の把捉が、精神の自己認識としての理念の発展、概念の進行の内に取り込み切れないものを有するからである。人倫の哲学は「哲学」としては絶対知に究極する精神の自己認識でなくてはならぬであろう。しかし人倫の実現は哲学において初めてなされるのではない。哲学の反省はすでに実現せられた人倫をあとから概念の進行において逆に映し取るのである。このことをヘーゲル自身も明らかに説いている。(VII_2, 211f.) 法の哲学においては我々は抽象的なものすなわち意志の概念から始め、次いでこの抽象的意志の外的定有としての形式的なる法の領域に進み、そこから己れに還った意志すなわち道徳性の領域に移る。そうして最後にこの二つの抽象的契機を合一した、従って具体的な、人倫的意志に到達する。この人倫の領域自身においても我々は直接的・自然的・未発展的な形態すなわち家族から始め、次いでブルジョワ社会における人倫的実体の分裂に移り、最後にこの二つの一面的な人倫精神の形態の統一としての国家に到達する。しかしこの考察の進程は、人倫が法や道徳性よりも時間上後のものであるということを、あるいは家族やブルジョワ社会が現実において国家よりも先なるものであるというようなことを、毫も意味するのではない。むしろ逆に、人倫は法や道徳性の根柢であり、家族やブルジョワ社会はすでに国家が有ることを前提としている。しかし人倫的なるものの哲学的発展においては我々は国家から始めることができない。なぜなら国家において人倫は最も具体的な形態に発展しているが、それに対して哲学の初めは必然的に抽象的なものでなくてはならぬからである。だから道徳的なるものは、人倫的なるものにおける一つの病態として現われて来るにかかわらず、かえって先に考察せられなくてはならないのである。

このヘーゲルの言葉に従えば、人倫から法や道徳へ説き降った精神現象学の説き方は、実は哲学的発展ではなくして、現実の構造関係もしくは歴史的発展に添うて考えたものである。しからば我々は、精神の自己認識の過程たる哲学的発展のほかに、さらに現実的なるものの構造を層位的にたどるところの他の立場をも認めなくてはならないであろう。哲学的発展は思惟する精神が法、道徳、人倫というごとき「所与」を把捉する過程であって(VIII, 6.)、これらの所与が成立し来たる過程ではない。人倫の根柢からいかにして法というごとき抽象が成生し来たるか。さらに根本的には人倫自体がいかにして実現され得るのであるか。かかる過程を精神の自己認識としてでなくただ人間存在の構造の分析として、抽象より具体へとさかのぼって行ったのが人倫の哲学である。もちろんここでも認識の過程が構造上根柢的なるものへさかのぼって行くという意味を持ってはいる。しかしここでさかのぼられる最後の根柢は、人間存在の全体性であって、自己を認識する精神ではない。もしこの立場を許すならば、それは人倫として己れを実現し来たる絶対者の活動を、精神の自己認識に先立って認めることになる。哲学はただこの生ける全体性の運動を映し取るのみである。

ヘーゲルは人倫哲学においては確かにかかる方向を示しているように見える。しかし彼の到達した絶対的全体性はあくまでも形態を持つ人倫的組織であって、真に絶対者ではなかった。だから彼は不断の否定的運動を本質とする生ける全体性を説きつつも、民族以上に出ることはできなかったのである。そこで彼は完全なる人倫すなわち絶対精神であるとの視点から、自己直観が自己であるところの精神の立場に移った。しかし絶対精神は、精神の自己認識にとってこそ究極の原理であり得るが、あらゆる非合理を含む人倫的現実性にとっては究極の根柢たり得ない。そこでもしヘーゲルが、差別的限定の無差別たる絶対者を絶対否定的全体性として人倫的組織の背後に認めたならば、そここそ真に人倫の究極の根柢が見いだせたであろう。そうして彼の説く人倫的全体性のそれぞれの形態は、かかる絶対否定的全体性の自己限定的表現として、初めて生ける全体性としての根柢を得来たるであろう。かかる立場に引きなおして見れば、自他不二的なる自己意識の運動においての行為の意義や、自他不二において自他を活かせる人倫の国の意義が、絶対者の自己否定による自己実現としてあらわになって来るのである。

　かく見れば人倫の哲学は、絶対的全体性を「空」とするところの人間の哲学としても発展し得るのである。ヘーゲルが力説するところの差別即無差別は、あらゆる人倫的組織の構造であるとともに、またその絶対性においては「空」であるほかはない。かかる地盤において初めて人間の構造が、あくまでも個人であるとともにまた社会であるとして明らかにせられ、従って人間の存在が、自他の行為として常に人倫的組織の形成であることも明らかになる。ヘーゲルが人倫について語ったところは、右のごとき視点よりしてさまざまに活かし得られるであろう。かかる意味においてヘーゲルの人倫の学は、倫理学にとっての最も偉大な典型の一と呼ばれてよい。

　しかしヘーゲルはこのような人倫の学をでき得るだけ精神の哲学の中に融かし込み、人倫の現実の諸階段をただ観念の発展、概念の進行においてのみ理解しようと努めたのである。思惟する精神が己れの内容を把捉しようとするのである限り、この処置は当然と見らるべきであろう。この側面より見ればヘーゲルは人間存在をすべて思惟から発出せしめているように見える。精神の立場に立つことがすでにそれを意味しているのである。精神は彼によれば己れを知るところの現実的な観念であり、己れを差別することを通じて無差別に還るその運動もまさに思惟の運動にほかならない。そこでこの観念論的な立場を覆そうとする試みは、おのずからそれに覆われた人倫の哲学を突き出すことになる。フォイエルバハやマルクスの批評は、無自覚的にもせよ、このような結果を惹き起こしているのである。彼らが観念の網から救い出したのは人間の存在であり、そうしてその人間の存在を捕えたとき、彼らはいずれも、ヘーゲルの分析し出した存在の構造を、そのいずれかの階段において、彼らの根本概念として使用しているのである。

一〇　フォイエルバハの人間学

フォイエルバハは「精神哲学者」ヘーゲルの熱狂的な弟子であり、しかも中途にしてこの精神の哲学を打倒する運動の最も勇敢なる闘士となった人である。だから我々は彼において「思惟する精神」の立場に対する最も鋭い批判を見いだすことができるであろう。*

* Ludwig Feuerbach : Zur Kritik der Hegel'schen Philosophie. Sämtliche Werke, Bd. II, 1846. S. 185–232.
— Vorläufige Thesen zur Reform der Philosophie. S. W., II, S. 244–265.
— Grundsätzen der Philosophie der Zukunft. S. W., II, S. 269–346.

Vgl. Rawidowicz : Ludwig Feuerbachs Philosophie. 1931.

批判の第一の要点は、思惟と有(Sein)との統一に関する。人間存在を思惟から発出せしめるようなヘーゲルの考え方は、根本において思惟と有との同一という考えにもとづいている。そこでフォイエルバハは、この「有」を、ヘーゲルの論理学から救い出そうとするのである。ヘーゲルは「有」を哲学の初めとしてそこから出発した。しかしそのような「有」は思惟における有、思想規定としての有、すなわち「有の概念」であって、現実的な、具体的・感性的な有ではない。従って有を無媒介的・直接的なるもの、自同的なるものとして措定するとき、すでに無媒介性や自同性の概念が前提せられ、措定というごとき媒介的なるものの中で動いている。それが思惟の世界なのである。純粋な、無限定的な有というごときものは、現実的な限定せられた有から、その限定をば思惟によってことごとく捨象したものに過ぎぬ。しかし全然限定せられないことは絶対的限定である。従って有の概念はすでに絶対者の概念なのである。ヘーゲルが有から出発したということは、絶対的理念から出発したということと変わりはない。しかしそれでは「思惟」のみあって「有」は見失われてしまう。しからばその有をいかにして救い出すべきか。

単に抽象的に考える立場では、無差別的なる「有」というごとき実在性なき抽象的思想を持つことはできるが、しかし有や存在や現実の表象を持つことはできない。「有」とは「考えられて有る」ということよりも以上のものである。すなわち「有」は感性によって立証せられる。千差万別の物が有り、無数の人が存在することを、我々は感性によって捕捉するのである。従って有は必ず何物かが有ることであって無限定的な有であることはできない。有は思惟を越えたものである。

しからば「有」は本来「思惟」に対立するものであって思惟における有ではない。ヘーゲルはこの重要な対立を見落とした。だから彼の弁証法は思弁の独白に堕して、思弁と経験、思惟と有との対話になっていない。いかに精神がその自己疎外によって客観的なものとなっても、それは常に思惟における有である。すなわち思惟に対する他者であるのであって、思惟に対する他者があるのではない。従ってヘーゲルの説く「思惟の他有」は「思想の他有の思想」に過ぎぬ。このような立場では「思惟」と「有」との矛盾を越えることはできず、真に弁証法的であることもできない。弁証法を活かせる積極的な力は、「有」を真に思惟に対する他者とするところの絶対的否定性である。

かくして具体的たることを標語としたヘーゲルは、最も抽象的な思想家として取り扱われる。彼が抽象的思惟を斥けたのは抽象的思惟自身の中においてである。抽象の否定それ自身が抽象なのである。かかる偏狭性はすべて「有」の誤認にもとづいている。そうしてその誤認は絶対的理念あるいは精神の立場に初めから立っていたことにもとづく。ここにヘーゲルの哲学が実は「神学」であるという秘密がひそんでいるのである。

　フォイエルバハがヘーゲルに加えた批判の第二の要点はこの秘密に関する。ヘーゲルはシェリングの「絶対者」を確実な地盤として出発する。そうしてそれが自然ではなくして「精神」であることを彼自身の立場とした。この絶対者、精神は、古い神学の神にほかならぬのである。死せる神学の精神がヘーゲル哲学の中を幽霊としてさまよっている。神学の神は情緒なき情緒を持ち、愛なくして愛し、怒りなくして怒る。そのように思弁哲学も、時間なき存在、持続なき定有、感覚なき性質、本質なき本質、生なき生について思弁する。ヘーゲル論理学における本質は、自然や人の本質には違いないが、しかし本質なく自然なく人なき本質である。同様に彼は人間の法や宗教や国家や人格性などを、人なくして思弁した。かかる哲学は仮装せる神学にほかならぬ。その本質はまさに合理化せられた神の本質である。それが神学と異なるのは、神をばただ理性にのみ接近し得られる者として把捉し、従って神の本質すなわち理性の本質であるとした一点にすぎない。言いかえれば客体としての神が理性あるいは主体としての神になったことに過ぎない。そこで神学においてすべての物が神の中にあったように、ヘーゲルにおいてはすべての物が思惟の中にあるということになる。しかもそれが神学ではなくして哲学として試みられるのであるゆえに、彼の哲学は神学の立場における神学の否定である。同様に、哲学を絶頂として自己認識の運動をなす精神は、神なき神(atheistischer Gott)であると言ってよい。かくしてヘーゲル哲学は、神学の最後の避難所、最後の合理的支柱となる。ヘーゲル哲学を廃棄せざるものは神学をも廃棄していないのである。

そこでフォイエルバハはヘーゲル哲学の廃棄によって新しい哲学の道を開こうとする。それが彼における「神の学」より「人の学」への転向である。

「人の学」は肉体を持たざる抽象的な自我や有を思惟の中に融かした精神などの立場に反抗して、思惟と感性、精神と物質の統一としての「人」の立場に立つ。「だから新しい哲学がその認識原理すなわち主体とするのは、自我でもなく絶対的(すなわち抽象的)精神でもない。一言にして言えば抽象的な理性ではない。そうではなくしてまさに人の現実的また全体的な本質である。理性の実在性、主体は、人のみである。人が思惟するのであって、自我や理性が思惟するのではない。」(S. W., II, S. 339.)「新しい哲学は神学を人の学の中へ完全に、絶対的に、矛盾なく解消する。なぜならそれは古い哲学のごとく神学を理性の中で解消するのではなく、人の全体的現実的な本質の中で解消するのだからである。」ところで「人はただ思惟によってのみ己れを動物から区別するのではない。むしろ人の全本質が動物との区別である。もちろん思惟せざるものは人ではない、しかしそれは思惟が原因だからではなくして、人の本質の必然的の結果であり性質であるからに過ぎぬ。」(do., S. 341.)「新しい哲学は人の地盤としての自然をも含めての人をば、哲学の唯一の、普遍的な、最高の対象とする。すなわち生理学をも含めての人の学をば普遍学たらしめる。」(do., S. 343.) しからば哲学はその根柢において人の学であり、そうして「人」は単に思惟する自我ではなくして思惟の主体たる感性的、自然的なる「有」なのである。

かくしてフォイエルバハは、「神の学」を「人の学」に転ずるとともに、思惟と有との関係を逆倒した。ヘーゲルにおいては「思想」が「有」であるが、ここでは「人」が「有」である。ヘーゲルにおいては思想が主語であり有が客語であるが、ここでは有が主語であり思惟が客語である。ここに思惟と有との真実の関係が認められる。「思惟は有から出る、しかし有が思惟から出るのではない。」(S. W., II. S. 263.) 有としての有の本質は自然の本質であり、自然は人の根柢である。そうしてその人が思惟するのである。ここに思惟する精神の立場は全然覆されてしまう。

しかしフォイエルバハが右のごとく精神の立場を押しのけて人の立場に立ったとき、その人はいかなるものとなったであろうか。それは自然を根柢とすると言われる。しかし彼は単なる唯物論者としてそれを言っているのではない。彼が『キリスト教の本質』

(S. W., VII)の初頭において説いている人の本質は、人がいかに唯物的でないか、人がいかに動物と異なるかを力説したものである。そうしてそのゆえにまた彼の人の学は、おのずからヘーゲルの人倫哲学に還らざるを得なくなるのである。

人を動物より区別する本質的な特徴は、彼によれば、厳密な意味における「意識」である。ここにはなおヘーゲルの影響が明白に認められる。「意識とはあるものが自己自身にとって対象であることである」(Bewusstsein ist das sich selbst Gegenstand Sein eines Wesens. S. W., VII, S. 31.)というごとき意識の規定も、きわめてヘーゲル的であると言ってよい。しかしフォイエルバハにとっては、意識において自己を対象化するのは「精神」ではなくして「人」であった。「人は対象においておのれ自身を意識する。対象の意識は人の自己意識である。対象からして汝は人を認識する。対象において人の本質が汝に現象する。対象は人のあらわにされた本質、真実の客体的な自我である。しかもこれは精神的対象についてのみならず、感性的対象にも通用する。人に最も遠い対象といえども、それが人にとって対象である限り、また対象であるがゆえに、人の本質の啓示である。月も日も星も人に対して汝自身を知れと呼びかける。人がそれらを見るということ、また人らしく見るということ、それが人に固有な本質の証拠である。動物は生命に必要な光線をのみ受けているが、人はそれに反して最も遠い星のどうでもいいような光をまで受けている。ただ人のみが純粋な、知的な、無関心的な喜びや情緒を持つ、——ただ人のみが観照的(理論的)な眼の祭りを祝っている。」(VII, S. 29.) このような人の本質は、かつて精神に与えられたあらゆる偉大な特質をすべて人の方へ奪回することを意味する。「汝が無限なるものを考えるならば、汝は思惟能力の無限性を考え確保するのである。汝が無限者を感ずるならば、汝は感情能力の無限性を感じ確保するのである。理性の対象は己れに対立せる理性であり、感情の対象は己れに対立せる感情である。」(do., S. 34.) 音楽を聞くとき我々は己れの心の声を聞いている。神を信ずる時人は己れ自身の本質の力を感じている。絶対者とは人の本質である。

ここに我々はヘーゲルの絶対者が人の方に移されているのを見る。それはいわばヘーゲルの絶対的人倫の立場に還ることである。彼は人の絶対的全体性を「類」(Gattung)として把捉した。そうしてそれを人の本質と見る。「動物はただ一重の性格を持つにすぎぬが、人は二重の性格を持つ。動物においては内生活と外生活とは一つであるが、人は内的及び外的の生活を持つ。人の内的生活は人の類、人の本質との関係における生活である。人は考える、すなわち彼は会話する、彼は己れ自身と話す。動物は彼の外なる他の個体なくしては類の機能を営み得ないが、人は考える、話す、というごとき真の類機能を他者なくしても営み得る。人は己れ自身において同時に我れ及び汝である。彼は己れ自身を他者の位置に置くことができる。その理由は、まさに、彼の類彼の本質が対象だからである。」(do., S. 25.) このような全体性において見られた「人」は、もはや単なる個別的肉体的なる人ではない。それは必然に個人的・社会的なるもの、すなわち「人間」とならねばならない。だから『キリスト教の本質』のなかですでに世界の意識が「汝」の意識によって媒介せられること、人の最初の対象は人であること(VII, S. 126, 127.)、あるいは三位一体の秘密が共同態的生の秘密であること、などが説かれる。人の絶対的全体性が神として投射せられるにとどまらず、さらに人と人との共同態的生が神的なる生として投射せられるのである。「宗教は人の生ける全体性における己れの意識である。この全体性においては、自己意識の統一はたださまざまの関係に充実せられた我れと汝との統一としてのみ存する。」(do., S. 106.)

かくして精神の立場を覆そうとする「人の学」は必然に「人間の学」たらざるを得なくなるのである。だから「有が思惟から出るのではなくして思惟が有から出る」ことを宣した『哲学革命のテーゼ』は、この有が「人」であることを説きつつ最後にヘーゲルの絶対的人倫に到達する。「人は自由の存在である。人格性の存在、法の存在である。」「国家は人の本質の、実現せられ、形成せられ、展開せられた全体性である。」(II, S. 267.) 同じく「人の学」への神学の解消を力説した『未来の哲学の原理』においても、その哲学の原理たる人の本質は、結局、「共同態の中に、人と人との統一の中に含まれている。しかしその統一はただ我れと汝との区別の実在性にのみもとづくのである。」だから「哲学の最高最後の原理は、人と人との統一である。」(II, S. 344, 345.) 真の弁証法は我れと汝との対話でなくてはならない。我々であるところの我れ、我れであるところの我々は、ここで我れと汝との対立と統一に発展させられた。しかしこの共同態はヘーゲルの人倫的組織と遠いものではない。

　フォイエルバハは精神を斥けることによって人倫に帰った。この事情をさらによく示すものは、ヘーゲルの人倫における家族の規定、すなわち「愛」が、フォイエルバハにおいて一層力説せられていることである。ヘーゲルにおいては愛は一般に自他の統一の意識として最も巨大なる矛盾であった。愛においては人は独立を欲しない、しかも他の内に没入することによって自を獲得する。これは彼が自己意識の運動として、人倫を実現する根本的な方向と見たものである。しかし愛はあくまでも「感覚」であり、自然的な人倫の合一性であった。だからそれは特に性愛として取り扱われている。しかるにフォイエルバハは、右のごとき愛を取って有を有たらしめる感性の頂上に置くのである。「有の対象としての有は感官、直観、感覚、愛の有である。従って有は直観、感覚、愛の秘密である。」「愛は我々の頭の外に対象があるということの、真の有論的証明である。

愛、感覚一般よりほかに有の証明はない。」「愛なきところには真理もまたない。何物かを愛する者のみが何物かであり、何物でもないことと何物をも愛しないこととは同義である。」(II, 322-325.) しかも愛は我れと汝との関係、人と人との統一にほかならない。しからばフォイエルバハは、ヘーゲルが人倫的合一性としたちょうどそのものを彼の哲学の原理とし、そこに一切の有の根柢を認めたのである。

かく見ればフォイエルバハの人間学がその根柢においてヘーゲルの人倫の学と通ずるものであることは明らかであろう。思惟を産み出すとせられる「有」も結局は「人間存在」として把捉せられねばならなかった。人と人との共同態が最後の原理でありまた真理であるとせられる。あるいはまた愛が外界の実在性を証明すると言われる。しからば我れの外に他の物が有るということの確実性は、ただ我れの外に他の人が有るということの確実性によってのみ媒介せられるのである。すなわち汝と我れとの関係が有の根柢になる。そうして汝と我れの関係こそまさに人倫的関係にほかならない。もちろん彼にとっては「汝」はあくまでも我れに対立するところの、感官によって与えられた「汝」であって、考えられた汝ではない。しかしまたその汝は、愛において我れと合一し、そうして我れを我れとして見いださしめる汝である。だからこそ汝の存在は、人間存在であるとともに感性的なる有の根柢なのである。かかる立場において彼は、「我れと汝との統一が神である」(II, S. 344.) という。人と人との共同態の底に絶対者が洞見せられるのである。

しかしながらフォイエルバハは、「神の学」を「人の学」に転じ、「有」を「思惟」から救い出すことに急であって、我れと汝の共同態をさらに詳密に規定する努力へは向かわなかった。我れと汝との対立や統一はいかなる構造を持つか。そもそも我れと汝との間柄は何において成立するのであるか。それらの問題はむしろ触れずに残されていると言ってよい。彼が力説した「愛」といえども、ヘーゲルにおけるごとき人倫的合一性としてよりは、むしろ一つの認識能力であるかのごとくに取り扱われている。「他人の愛が、汝の何であるかを、汝に告げる。愛する者のみが、愛さるる者の真の本質を把捉する。人を認識するためには、彼を愛さなくてはならぬ。」(II, 393.) だから愛は人倫的共同態の規定であるよりはむしろ哲学の原理として力説せられたのである。このような態度にとっては、人と人との間の実践的行為的な連関や、それにおいて成立する人倫的組織は、注意の中心を逸し去らざるを得ないであろう。これがフォイエルバハの人間学を力弱きものたらしめた最も主要な欠点である。

このことはフォイエルバハの倫理学が、家族関係を道徳的根本関係とする点において、ヘーゲルの人倫の学を活かせたかのごとくに見えながら、根柢においてそうでなかったということにも現われている。なるほど彼の倫理学の原理*は一応「我れと汝」の立場に立つのである。「道徳は、感官なき単なる自我や単なる理性から出ることはできない、それはただ我れと汝との結合からのみ出で得るのであり、しかもその汝は思惟する自我とは反対にただ感官によってのみ与えられるのである。」(X. S. 66.) しかも彼は道徳の原理を右のごとき結合の原理から導き出したのではなかった。彼は先例に従ってそれを意志から導き出したのである。感性的な人の立場に立つ彼にとっては、意志は理性意志であることはできぬ。欲するとは何物かを欲することであり、その何物かはいやなものの終わること、すなわち福祉以外の何物でもない。我れ欲すとは我れ幸福ならんことを欲するのである。人の意志は幸福欲である。従って「幸福」こそまさに道徳の原理なのである。このことは道徳の原理を考えるに当たって彼が我れと汝の統一の立場を離れ、孤立的な感性人の立場に立ったことを意味する。しかし彼はこの幸福欲が利己欲でないことを立証するために再び我れと汝との結合の立場に帰ってくる。幸福とは単に我れの幸福ではなくして「我れと汝の幸福」である。我れは己れを幸福にすることにおいて同時に他の我れを幸福にしようと欲する。他人を幸福にすればするほど己れ自身も幸福になるのである。それは男女の交わりにおいて最も敏感に現われているが、しかし一般に人と人との交わりの図式にほかならぬ。(X. S. 69-70.) 彼が性関係や家族関係を道徳的根本関係としたのはかくのごとき幸福欲の視点においてであって、人間関係そのものに人倫的意義を認めたからではない。従って人と人との共同態を最後の原理とする彼の立場は、倫理学においては徹底せられていない。そうしてそれは人間関係が実践的行為的連関であることを重視しないがゆえに起こったことなのである。

＊ Ludwig Feuerbach's Sämtliche Werke, Bd. X, 1866. »Ueber Spiritualismus und Materialismus, besonders in Beziehung auf die Willensfreiheit« なお W. Bolin u. Fr. Jodl 編輯の全集第十巻には、遺稿 Zur Moralphilosophie あり。

フォイエルバハの「人の学」が「有」を思惟より救い出すことにおいてヘーゲルの呪《じゅ》縛《ばく》を解きながら、しかもそれが「人間」の本質に徹底せず、人間関係の実践的行為的内容を軽視するというごとき弱点を持ったことを、最も鋭く明瞭に指摘したのは、まさにマルクスであった。彼において「人間存在」はさらに具体的に把捉せられ、「人間の学」は一層鮮やかに形成せられる。しかもここにおいて活かされたのは、ヘーゲルの人倫の学のただ一面に過ぎなかったのである。

一　マルクスの人間存在

フォイエルバハの『キリスト教の本質』が出たとき、マルクスやエンゲルスはそこにヘーゲルからの解放、唯物論の勝利を感じて、一時彼の追随者となった。しかし当時のヘーゲル左党がすべてそうであったわけではない。ここではむしろフォイエルバハをヘーゲル哲学の延長と認むるものが多かった。またそれほどに彼にはヘーゲルの影響が著しく残っている。ヘーゲルの絶対者はここで人の本質としての「類」あるいは普遍人として現われる。だからマルクスもやがてはこのフォイエルバハの弱点を指摘し、それを超えることにおいて己れの道を見いだしているのである。

マルクスのフォイエルバハに対する批評は、類の概念や我れと汝の共同態の概念においていまだ人の本質すなわち人の社会的存在が把捉せられていないことを明らかにするにある。フォイエルバハは抽象的孤立的な「人」という個体を仮定し、かかる個体から抽象せられた普遍性としての「類」を取ってそれを人の本質と見た。だから人の本質は個々の個人に内在する抽象的なものとせられてしまう。それによって人の全体性を捕えたとするのは思弁哲学への逆戻りである。孤立せる人などというものはどこにもない。人は常に社会的関係において有るのである。だから人の本質は社会的関係の総体にほかならない。フォイエルバハは人を社会的連関の中に置くことをしなかった。彼が人を「感性的対象」としたことは「純粋な唯物論者」よりも非常に優れている点であるが、しかし彼は人がまた「感性的活動」であるという洞察にまでは達し得なかったのである。

そこでかの「フォイエルバハに関するテーゼ」の初頭の有名な言葉が出てくる。「フォイエルバハをも含めての在来の唯物論の主要欠陥は、対象、現実、感性が、客観という形式で、あるいは直観の形式の下に把捉せられ、人の感性的活動、すなわち実践として把捉せられざることである。すなわち主体的に把捉せられざることである。」フォイエルバハが人の本質的特徴を意識において見いだしたときには、対象の意識が人の自己意識であり、対象において人の本質が現われるとせられた。だから感性的対象が人自身なのである。しかし彼はそれを直観、感覚、愛というごとき認識の形式において、すなわちあくまでも観照的に捕えようとした。だから彼が感性的世界すなわち自然を絶対化し、それが産業や社会状態の産物であることを見得なかったとせられるのも道理である。もちろん彼は右のごとき感性的対象をさらに「汝」として把捉し、我れと汝の共同態を人の本質とするところまで進むのではあるが、そこでも汝を通じての我れの自覚が主題であって、我れと汝との間の実践的行為的連関、従って汝の主体的把捉は欠けているのである。

ところで人を感性的活動として主体的に把捉し、それを社会的連関の中に置くということは、とりもなおさず「人」を「人間」として把捉することである。「人の本質が社会関係の総体」であり、「あらゆる社会的生活が本質上実践である」(テーゼ六、八)ならば、かかる「人」は実践的行為的連関としての「人間」以外のものであることはできぬ。しからばマルクスは、「人」を自然対象とする唯物論を斥け、活動実践としての「人間」の主体的存在を強調したのである。マルクスにおける社会の強調は、人を主体的人間に転ずることにほかならない。

この見地からマルクスの唯物史観の根本テーゼを見れば、それが「人間存在」を人の意識の根柢に置く考えであることは直ちに明らかになると思う。フォイエルバハにおいては「思惟が有(Sein)から出るのであって、有が思惟から出るのではない」と言われた。そうしてその「有」は、自我や精神に対抗して肉体を獲得した「人」、我れと汝とであるところの「人」であった。しかるにここではその「人」がさらに実践的活動における社会的関係の全体として規定せられる。従って、「人の意識が人の有(Sein)を規定するのではなく、反対に人の社会的に有ること(gesellschaftliches Sein der Menschen)が彼らの意識を規定する」と言われる。人々が社会的に有ることは、すなわち人間存在である。この人間存在はマルクスにとって単なる対象的な有ではなかった。それは「人の生活の社会的生産」であり、「人の物質的生産力の一定の発展段階に相応する生産関係」である。だから右のテーゼは次のごとくにも言い換えられる。「物質的生産や物質的な交わりを発展せしめる人々は、この現実とともに、また思惟や思惟の産物をも変える。

意識が生活を規定するのではなくして、生活が意識を規定するのである。」人間生活すなわち人間存在が思惟や意識を規定する。かかる人間存在が意識に対して「物質」と呼ばれるのである。

しからば意識を規定する「物質」は、人間存在として、すでに自他の間の実践的交渉、人の間柄としての組織を含んでいる。それは自他の間に相互理解があり、さらに生活生産のための自然に対する技術的理解があることを意味する。もちろんかかる人間存在が意識に先立つという点より言えば、右のごとき理解は意識に先立つ実践的な理解、すなわち人の間に一定の間柄を成立せしめるような、行為に含まれた理解である。が、とにかく人間存在は、意識として反省せられ得るような、直接の理解に充たされている。従ってそれは意識以前にすでに相互理解的に共同の生活を生産するところの主体的存在である。かかる人間存在をば単に客体的なものと見られやすい「物質」という名で呼ぶのは、恐らく誤解のもととなるであろう。マルクスが「社会的過程を閉め出した抽象的自然科学的唯物論」と呼ぶものにおいては確かに「物質」であった。しかしマルクスにおいてはそうでない。それは思惟すなわち形式に対する「実質」である。実質としての人間存在である。だからマルクス自身はこの人間存在をば、単に客体的なる有、自然科学的なる自然から厳密に区別する。それが同時に歴史と自然、人と動物との区別なのである。マルクスは決して人間存在を単なる自然的有としたのではない。

しからばマルクスはいかにして人間存在を特性づけたか。彼はいう、*「人は意識によって、宗教によって、その他好みのものによって、動物から区別せられ得る。が、人自身は、生活資料を生産し始めるや否や、己れを動物から区別し始めたのである。」だから最初の歴史的事件は、衣食住の必需品の生産にほかならぬ。かかる生産は「羊とか犬とかに見いだすことのできない歴史的過程」である。たとい家畜としての羊や犬が歴史的過程の産物であるとしても、その歴史は犬や羊の歴史ではなくして人の歴史である。だから人は一切のイデオロギーを作り出す以前に、その実質的な存在において、すでに動物と異なっている。しかもかく人を動物より区別する生産は、初めより社会的すなわち人間的であって、単に個人的ではない。孤立的に存在する「人」がある発展段階において社会を結成するのではなく、人が人となったときにすでに社会的なのである。すなわち「人」は初めより「人間」なのである。従ってこの人間存在における自他の交通が、意識を産み、言語を産む。「言語は意識と発生の時を同じくする――言語は、その『有』について言えば、実践的な、他の人のために有り従ってまた私自身のためにも有るところの、現実的な意識である。が、その生起について言えば、意識と同じく他の人との交通の欲望・必要から初めて生起する。間柄(Verhältnis)が存すれば、それは私にとって存する。動物は何物とも間柄を結ばない。一般に他との間柄を作るためにあるふるまいをするということをしない。動物にとっては他とのかかわりは間柄としては存せぬのである。だから意識は初めからすでに社会的産物である。」ここに人間存在が動物の有り方から徹底的に区別せられている。人の間柄は意識や言語として発展する間柄である。分節せられることによって言葉となるべき了解的交渉である。しかるに動物の間の関係は単に物と物との関係であって行為の意味を持たぬ。人間存在は自覚的であり、動物の有は無自覚的である。

＊ Die Deutsche Ideologie, »Marx-Engels Archiv« 1. Bd., S. 238, 290, 247, etc. 三木清訳、四七、一一七、六〇ページ等。

かくマルクスが人間存在を自然の有から明白に区別するにもかかわらず、なお彼が有によって思惟を規定する唯物論者とせられるのは、なぜであろうか。それは彼が思弁哲学への闘争において、フォイエルバハと同じく、有を思惟から救い出さねばならなかったからである。ヘーゲルを逆倒すること、観念的なるものが「人の頭の中で転置され翻訳された物質的なものにほかならぬ」と主張すること、それが思弁哲学への反抗としてのMaterialismusなのである。だから神、精神、不死、世界計画のごとき概念を廃棄し、思惟の根柢たる事物の現実性、現実的な生活関係から出発すること、それがこの主義の眼目であった。この現実を有と呼び物質と呼ぶのが適当であるか否かは、この闘争に際してはさほど重大でない。だからこの闘争にのみ注目して言えば、自然、物質を意識の根柢に置いたとも言えぬではない。

しかし精神や観念の咒縛がすでに解かれ、思惟に対する有の優位が確定せられた立場に立って考えれば、現実的な生活関係が単なる物質、単なる自然であることのできぬのは明白であろう。もとよりこのような生活関係、すなわち人間存在は、自然と対立する別の領域ではない。しかしまたそれは客体的な自然でもない。すでに述べたように、マルクスはフォイエルバハの感性的世界が自己同一的な独立の事物として把捉せられていることを非難し、我々の環境としての感性的世界が実は産業や社会状態の産物であることを主張した。すなわちマルクスの自然は「人の行動によって変化する」自然であり、また人の感性的な活動、労働と創造、生産、などにもとづくところの自然である。しからばそれは人間存在の契機としての自然であって、人間をも含む客体的自然ではない。自然科学的な「自然」に至っては、人間存在から発生した意識が十分に洗練された後初めて成立するものである。マルクスはそれを次のように語っている。「意識は最初には最も手近な感性的環境についての単に感性的な意識である。……それは同時に自然の意識である。自然は人に対して初め一の全然外的な、全能な、侵し難い力として対立する、……それは自然についての一の純粋に動物的な意識(自然宗教)である。……しかもそれは他方において、周囲の個人と結合することの必然性の意識である。人がとにかく一の社会の中に生活しているのだということについての意識の端初である。……そこでこの自然宗教あるいは自然に対するこの一定の関係は、社会形態によって制約せられているとともに、また逆にこれを制約しているのである。」(前掲書、二四七ページ以下)これがマルクスのいわゆる「自然と人との同一性」であって、その自然はまさに原始的社会的存在の一契機が「外なる全能の力」として意識されたものにほかならぬ。かかる自然宗教的自然が人間存在の歴史的発展につれてついに自然科学的自然にまで発展したのである。産業と商業なくして自然科学なく、自然科学なくして自然科学的自然もない。

かく見ればマルクスの人間存在は自然をもその一契機とするものである。主体的存在の契機たる自然はまた主体的でなくてはならぬ。しかるに意識はこの自然を客体として見いだす。従って対象的自然は人間存在の中から見いだされるものにほかならぬ。人間存在は自然を自然として対象化せしめる地盤である。

マルクスはかくのごとき人間存在をもって思弁哲学を覆そうとしたのである。しかしそれによって彼は完全にヘーゲルから離れたか。自然をも含む人間存在は、精神の立場、観念の立場を離れしめるには十分であった。しかし彼はこの立場を取り除いた時、人倫の哲学をどう取り扱ったか。彼はそれを廃棄するどころか、むしろその中の一部分を取ってそれを力強く展開させたのである。ヘーゲルの国家観を徹底的に覆し去ろうとしたマルクスが、しかもヘーゲルの人倫哲学を承け継いだのであると見ることは、一見はなはだしく不穏当であるかも知れない。しかし事情はまさにその通りなのである。

マルクスにとっては、人間存在は「人が社会的に有ること」である。ところでその社会的な有り方とは何であるか。人はその欲望の満足のために共同にまた相互的に労働する。従って一定の相互関係に入り込む。このような、相連関せる労働過程から生ずる相互作用の全体が、社会の構造を形作る。またかかる関係において相連関せる個人たちが社会を形成する。従って社会の形成は、欲望満足に役立つ労働過程全体及びそこから生ずる経済的相互作用に規定せられている。これがマルクスの社会である。ところでそれはヘーゲルが「ブルジョワ社会」として把捉したちょうどそのものなのである。ヘーゲルにおいても「社会」は「欲望の体系」であり「労働の体系」であった。そこではまず「人」が欲望の全体として規定せられる。しかし人の欲望は動物の欲望と異なって、著しく分化し、個別化している。衣と住との欲望、食物を料理して食う必然性などは、ただ人にのみ限るのである。従ってかく個別化した欲望に合うように個別化した手段を作り出すところの媒介、すなわち自然から直接に与えられた材料を種々の目的のためにさまざまな過程によって種別化するところの労働、これもまた人にのみ限るのである。そこで欲望人は必然に労働する。そうして欲望の満足は労働によってのみ媒介せられる。すなわち人はその消費において主として人的生産にかかわる。ところで欲望人は、己れの満足を目ざす利己的な個人であるにかかわらず、その満足が労働によって媒介せられるというまさにその理由によって、本質的に他の同様な個人と関係せねばならない。己れの欲望を満足させる物質は己れの労働のみならず他の人の労働によって生産せられる。従って他人の労働により満足させられるためには、また己れの労働によって他を満足させねばならぬ。すなわち各人が互いに他人によって媒介せられてその欲望を満足させる。言いかえれば個人は他人の欲望をともに満足させることによってのみ己れの欲望を満足させるのである。従って欲望人は孤立せるものではなくして必然に欲望の体系の中に、すなわち社会に、組み込まれたものである。かかる欲望の体系としての社会、すなわち物質的生活関係の総体としての社会、それをマルクスは取ってもって己れの社会の概念としたのであった。

　マルクスの新しい点は、この「社会」をば「精神」に置き換えて、法的関係や国家形態の根柢に置こうとした点である。ヘーゲルにとっては社会は精神の発展の一段階に過ぎなかったが、今やそれが逆に一切の観念形態の根柢とせられる。それは確かにヘーゲルの逆倒である。しかし精神の立場を離れ、人倫の立場のみにおいて考えればどうなるであろうか。そこでは欲望と労働の体系は人倫的組織の自然的な契機であって、その根柢ではない。根柢となるものはこれらの契機を含んだ具体的全体である。が、同時に具体的な人倫的組織は必ずその契機として「社会」を含まなくてはならぬ。言い換えればある。「社会」は人間存在の重要な一面であって、これなきところには国家の形成は不可能である。「社会」を含んだ人間存在が具体的な地盤となって、そこから道徳意識や客観的な法が、抽象的に、成立して来る。その限り社会が法や道徳のごとき観念形態の根柢であることは、人倫の哲学においては是認せられ得るのである。

しかしマルクスの仕事は、人間存在において特に「社会」の契機をのみ捕え、その解剖学を経済学として遂行することにあった。そこで問題は、人間存在がただ経済的なるものにのみ尽くされ得るか、また経済的側面からのみ見られた人間存在が果たして法や道徳の根柢たり得るか、という点に集中して来る。社会の構造の最も重要な点は、人がその欲望の満足のために必ず共同に労働し、従って生産関係に入り込んで来るということである。ところでこのような人の間の関係は、ただ欲望の満足のためのみであって、それ以上の根柢を持たないであろうか。マルクスは人と動物との別を意義深くも「間柄」によって明らかにした。動物もまた欲望の満足を目ざして動いている。しかしそれそれは他との間柄を作るためにあるふるまいをするということをしない。しかるに人は間柄を作り、言語と意識を発展せしめる。従って人間存在は欲望の満足からのみ説かれ得ない「間柄」である。またそのゆえに物質的生産が社会的生産であり、一般に生産的な間柄が形成せられ得るのである。しからば人間存在の最も根柢的なるものは、自他の間に間柄が形成せられること、すなわち人があるふるまいをする(sich verhalten)ということである。ヘーゲルが人倫の直接態において捕えようとしたのはこの点であった。それを「家族」として捕えるのは偏狭であるにしても、人間存在において経済的なるものよりもさらに深い層のあることを確保している点は認めなくてはならぬ。フォイエルバハが我れと汝の関係として把捉したのもまたこの点であった。マルクスの生産関係としての社会は、実は暗黙裏にかかる「間柄」を前提しているのである。

そこでマルクスの社会は、上層建築としての法や道徳を成立せしめる前に、すでにそれ自身の内に「間柄」を可能ならしめるような一定のふるまい方を含んでいる。そうでなければ一般に生産関係は成り立ち得ない。そうしてそれはマルクスが社会として把捉したものを裏づけている人間共同態にほかならぬのである。マルクスはかかるものを排して純粋に経済的なるものとしての社会を取り扱うごとくふるまった。従ってかかる社会は個人の意志や道徳的意識と独立に、それ自身の歴史的必然性をもって進展するかのごとくに主張した。しかも彼自身人間存在の根本に存する規範に訴えて社会の構造を評価するのである。たとえば歴史的必然をもって現出した資本家階級の余剰価値取り入れは、「恥知らずの露骨な搾取」であった。同じく歴史的必然をもって現出した自由競争は、「良心なき商業の自由」「利己主義的打算の氷のごとく冷たい水」と呼ばれた。彼の経済学は道徳的批判を交じえない純科学的なものであると主張せられるにかかわらず、それは全体としてブルジョワ社会の構造の不正であることを立証し、人類をこの不正から解放するための定言命法を形成するように働いている。その命令は「あらゆる国の無産者よ、団結せよ」である。団結、共同、すなわち人間存在の最も根本的な性格、それがここで絶対的な当為になる。これはマルクスとしては矛盾である。しかもそこに人間存在の真相が露出しているのである。

しかしかく見ればマルクスの仕事は、ヘーゲルがブルジョワ社会をもって「人倫の喪失態」としたことの、詳細な立証にほかならぬとさえ言えるであろう。社会は人倫的合一性の否定態として現われる。人間存在の根本的な共同性はここで破られ、人は独立人格として分離せる諸個人、欲望の全体になる。そうしてこのような孤立せるアトム的個人の関係体系が「社会」なのである。だから人は生産関係や労働の共同を、人倫的共同態から学んで作ることはできる。しかしそれは人倫的合一ではなくして利害による関係である。従って社会は、ホッブスにおけると同じくヘーゲルにおいても、「あらゆる人があらゆる人に対してその個人的なる私的利害を争うところの戦場」にほかならない。マルクスは現実の社会をかかるものとして立証した。そうして今や家族も国家もかかる社会内の制度に過ぎないことを主張した。しかしそのゆえにかかる構造を打破すべき「団結」の命令を発するということは、取りもなおさず「人倫の喪失態」を立証して人倫の恢復を命令するにほかならぬであろう。

マルクスの唯物史観は法や道徳を人間存在の意識への反映とする。この主張は人間存在が右のごとく具体的に解せられるならば、そのままに承認すべきものである。一般に当為の意識は人間存在自身に存するふるまい方の意識に反映せるものにほかならぬ。人間存在は個人的意識よりは先である。個人の道徳的意識はあくまでも人間存在に根ざさねばならぬ。しかしまさにそのゆえに人間存在自身は、実践的行為的連関として、根源的に「倫理」を含むのである。人間存在の分析は、経済学たるよりもさらに根本的に倫理学たらねばならぬ。

＊

我々はヘーゲルの人倫哲学が、人倫の直接態においてはフォイエルバハの「我れと汝」とによって、さらに人倫の否定態においてはマルクスの「社会」によって著しく発展させられたのを見た。さらに我々は現代の社会学がこの両面をさまざまに拡張したことをも見ることができるであろう。しかしそれを再び「人倫の体系」として把捉することは、なお我々に残された問題と思われる。人間の学としての倫理学はちょうどこの方向と合致するのである。

「人倫の体系」において残された最大の問題は、人倫の絶対的全体性の問題であった。それは有の立場においては解かれ得ない。その解決に対して我々に最もよき指針を与えるものは、無の場所において「我れと汝」を説く最近の西田哲学であろう。

第二章　人間の学としての倫理学の方法

一二　人間の問い

倫理学とは「倫理とは何であるか」と問うことである。そうしてこの「問うこと」は、一般的に言って、人間の一つの行為的な存在の仕方である。しかるに我々は倫理学が人間存在の学にほかならぬことを見て来た。しからば倫理学は、倫理とは何であるかと問うことにおいて、すでにそれ自身人間の存在であり、従って「問われていること」になる。ここに倫理学の方法を規定する第一の点があると思う。

しからば「問うこと」が人間の一つの存在の仕方であるということはどういうことであるか。それはいかなる仕方で倫理学の方法を規定するか。

前章において我々は、「人間」が世の中自身であるとともに世の中における人であることを見て来た。すなわち人間とは一定の間柄における我々自身である。しからば問うということもまたかかる「人間」の存在の仕方として、間柄において把捉せられねばならぬ。元来「学」と言い「問い」と言うのは、人間を離れた観念的なある物として、すなわちそれ自身に存立する知識として、あるのではない。それはまねぶこと、倣うこと及び訪いたずねることとして、人間の行動である。そこには学び問われる「こと」が探求の目標として目ざされているとともに、その探求が学び問うという人間関係において行なわれるのである。従って学問とは探求的な間柄であり、探求せられる「こと」は人間の間柄に公共的に存すると言ってよい。このことは問いが根本的に「人間の問い」であることを意味する。

問いの構造に関しては、我々はハイデッガーに教わる所が多い。彼によれば、問いは探求である。探求は探求せられるものによって方向を決定せられている。だから問いは何ものかへの問いとして「問われているもの」を持っている。しかし問いはこのものが何であるかと問うのであるゆえに、同時にこのものが何かであることを目ざしている。すなわち「問われていること」を持っている。特に理論的な問いにおいてはこの問われていることが一定の概念にもたらされなくてはならぬ。そこで問われていることが「どういうこと」であるかが問いの本来の目標になる。しかるに「いうこと」とはことの意味である。だから理論的な問いは、問われていることのほかに、そのことの意味をも含んでいる。さらに問いには「問う者」がある。だから問いは問う者の態度として特殊な有り方を持つことになる。上《うわ》の空《そら》の問いもあれば根ほり葉ほり問うこともある。

これらは問いの構造として一応何人も承認せざるを得ないところであろう。しかし我々は右によってなお十分規定せられておらない一つの契機を見いだす。それは「問われるもの」である。問いは確かに何物かにおいて何ごとかをたずねるのではあるが、しかしさらにその問いは何者かに対して向けられている。そうしてその場合にはしばしば問いの向けられているものと問われているものとが同一である。友人に対してその安否を問うごときがそれである。しかも問いの本来の意義は問安というごとき人への問いであった。すなわち「問う者」と「問われる者」との間において、その間柄を表現する何ごとかが問われたのであった。問安あるいは問訊は問われる者の存在が今いかなる有りさまにおいて保持せられているかを(すなわち問われる者の気持ち・気分を)問うのであるが、それは同時に問う者の関心の表現であり、従って問われている気持ちが問う者と問われる者との間柄に存することを示している。だから問安は「挨拶」の意味となり、単にただ間柄をのみ表現するものとして、問われていることを従とすることもできる。訪問という意味において人を問う場合もそうである。かかる実践的行為的連関としての問いにおいて、さらに第三者が問題となるとき、問われる者と問う者との間にこの両者を離れた一つのものが置かれ、そのものについてあることを問い答えるという関係が成立する。だから我々は問いにおいて、問う者と問われる者と、及びその間において問われている物と問われていることとを区別することができる。それがまさに「人間の問い」である。かかる問いにおいては、問う者が問うとともに、その問いは問われる者にとっても存在する。すなわち問いが共同的に存在する。問いが言葉及び身ぶりによって表現せられる限り、それはすでに共同的性格を持っているのである。特に理論的な問いにおいて問われていることの意味が問題とせられる場合には、この共同的性格は必然にそれに伴なっている。なぜならここでは「いうこと」が、すなわち人間の言葉において言い現わされていることが、問題なのだからである。しからば理論的な問いもまた人間の問いであって、孤立させられた個人の問いではない。

問いの構造は右のごとき人間の問いとして明らかにせられねばならぬ。問われる者を持たずして人がただ孤り問うのは、人間の問いの欠如態である。もとより人は何人とも共同でない疑問を心ひそかに抱くこともできる。しかしその疑問がいまだ身ぶりや言語や概念に形成せられない漠然たる気分である時には、それはいまだ問いではない。すでに身ぶりに表現せられあるいは言葉において把捉せられるならば、それがいかに心ひそかに抱かれていようとも、表現や言葉を通じてすでに人間の問いに参与している。それは人の間に置かれるとともにそのまま直ちに共同の問いとなり得るものである。だから本質的には共同の問いであるものが、その共同性を現わさないことはできる。しかし本質的に共同性なき問いは存しない。

学問としての問いは人間の問いの理論的なるものである。すなわち共同的に「ことの意味」を問うのである。しかるにこの共同性は近代哲学の出発点においてきわめて鮮やかに見捨てられた。ルネサンスの人間にとっては世界を狙うものは個々の主体、個人である。「孤立せる個人」対「自然」の立場において人は学問的探求に身を投じた。近代哲学における主観への転向、自我への還帰なるものは、問いを個人の問いとして把捉することに立脚している。

デカルトはその思索を次のように始める。(Meditationen, S. 9-25.) 自分は若い時以来多くの偽りを真と思っていた。だから学問において確実なものを捕えようと思うならば、根柢からやりなおさなくてはならぬ。今や自分は世間の煩いから放たれ、孤独な隠居において静かに思索し得る境遇に置かれた。そこでまじめに在来の自分の考えを覆すという仕事に取りかかろうと思う。これまで自分が最も真実と思っていたものは、感覚によって受け取るものである。しかるに感覚はしばしば我々を欺く。だから感覚によって知られるものはすべて疑ってかからねばならぬ。自分がここにこの肉体をもってこうしているということも決して確実ではない。夢で同じことを感ずることもできる。天も地も色も音も、あるいはこの手も足も、すべて誤って「ある」と思っているのかも知れない。

しかし自分がかく疑っているということだけは確実である。それを確実と思うのもまただまされているのかも知れぬが、しかしそのだまされている自分が有ることは確実である。我れが疑う、我れがだまされる、すなわち我れが思う限り我れは有る。我れは思うもの(res cogitans)である。思うものとは、疑い、洞察し、肯定し、否定し、欲し、欲せず、また想像や感覚を持つところのものである。このような「思うもの」としての「我れ」が、同時に「真に有るもの」にほかならぬ。そこで学問において確実なものを捕えようとする者にとっては、右のごとき自我が最初に唯一の確実なものとして与えられる。主観は直接の明証を持つものとしてあらゆる客観よりも確実であり、客観はただ媒介せられてのみ確実になる。物が何であるかは自我の思惟においてのみ把捉せられるのである。「他人」の認識さえもその例に洩れない。窓から街を通る人を見て我れは人を見るという、しかも見ているのは帽子や着物だけであり、その中には機械が包まれているかも知れない。しかし我れはそれが人であると判断するのである。見るのではなくして判断なのである。だから「他人」といえども、媒介せられてのみ有るのである。

このデカルトの考えは力強く近代哲学を支配した。哲学の初めは自我である。問いは自我から出る。他我はそれにもとづいて「認識」せられるものに過ぎぬ。これが恐らく哲学的な常識となった。しかし我々は彼の考察の過程自身においていかに人間の問いが個人の問いに変化させられるかを見いだし得ると思う。デカルトの問いは、自ら明白に語っているように、学問において確実なものは何か、である。しかるにこの問いは、感覚的なるものを直ちに確実とするごとき常識的な立場を前提としている。人々はかかる立場において互いに愛し合い憎み合う。それが世間の煩いである。そこで右の問いに入るためには世間の煩いが成り立っている立場そのものを離れなくてはならぬ。だから彼は「孤独な隠居の生活」をもって右の問いを発するに必要な地盤と考えたのである。彼自身それを明言するのみならず、彼の伝記の語るところによれば、彼はこの思索の時期に交友から遠ざかるがため十三度居を換えた。かく「孤独」に身を置いて自我と対象とを対立せしめ、そのいずれが確実であるかを問うのが、彼の問いの立場であった。しからばこの問いの立場は、実践的行為的連関としての世間から離脱し、すべてをただ観照する、という態度を取ることにほかならぬ。従ってそれは直接的に与えられた立場ではなくして人工的抽象的に作り出される立場である。言いかえれば人間関係から己れを切り放すことによって自我を独立させる立場である。しかしこの立場に立つことによって、自我は絶対確実となり、その自我の出場所たる現実は疑わしいものとなる。ここに個人の問いが成り立つのである。

しかしもし自我のみが確実に有り、他人はただ判断に媒介せられてのみ有るのであるならば、もともと世間の煩いからの離脱というごときことは必要でない。総じて世間の煩いが成り立つはずもない。疑う我れが確実となる前に、他人との間の愛や憎が現実的であり確実であればこそ、世間の煩いがあるのである。言いかえれば観照の立場に先立ってすでに実践的連関の立場がある。デカルトは後者の中から前者を引き出しながら、その根を断ち切ってしまった。

しかしこのような観照の立場に立ち自我を出発点とするにしても、それが個人の問いであるというのはただ仮設であって、実は人間の問いなのである。なぜならデカルトの問いは、学問において確実なものを探求するのであり、従って自我以外の一切が疑われる場合にも学者の間に存する共同の学問は疑われていないからである。デカルトはスワーレスやスコッツスやトマスなどの思想の流れの中に立っている。だから「学問的に思索する自我」は、感覚的対象をすべて疑わるべきものとすることにおいて、何が確実であるかを問題としている他の学者たちを相手にしているのである。たとい彼の方法的懐疑が全然新しい思想であるとしても、それは歴史的社会的に学者の間の問いとして発生したのであって、我れのみの立場から出たのではない。しからば我れが確実である前に、何が確実であるかを問うような学者の間柄が確実でなくてはならない。従って学者としての他人、学者仲間、などが「我れ有り」の前提となっている。すなわちデカルトの問いも本質的には人間の問いなのである。

かくして我々は我れ疑うの根柢にすでに人間の問いの存することを承認しなくてはならぬ。我れは単に我れではなくして同時に人間である。我れの意識は単に我れの意識ではなくして同時に共同的意識である。言葉の現象がそれを明白に示している。我れが疑いを言葉によって形づけた時、その疑いはすでに共同の疑いである。だから我々は自我を出発点とせずして人間を出発点とせねばならぬ。問いは本質的に共同の問いである。自我の問題といえども、共同の問いである。人間の規定を求める哲学者が、まず人を社会より孤立させ自我として把捉するというような処置を執るとしても、この孤立化的な思索そのものが共同の問題としてなされるのである。共同の問いとしてでなく思索せられたものは、我々にとって全然手の届かぬものに過ぎぬ。

問いは本質的に共同の問い、人間の問いである。そうしてかかるものとして問いは人間の存在の仕方なのである。しかるに倫理学は人間存在の根本的構造への問いである。しからば倫理学は、人間存在の一つの仕方においてその存在自身を全体的にあらわにしようとするものにほかならぬ。我々は倫理を問うという一つの人間関係を作ることにおいて、かかる人間関係それ自身を根源的に把捉しようとする。問われることが倫理でなく従って人間存在でない場合には、問うという間柄を見ずしてそこに共同的に問われていることにのみ眼を向けることができる。しかし倫理を問う場合にはこの分離は存しない。これが倫理学の方法の第一の特徴である。

一三　問われている人間

倫理とは何であるかとの問いは、人間の問いとして、すでに間柄を意味した。そこに問われていることは人間存在であり、従って間柄的な存在であった。しかるに問いにはさらに「問われている者」が含まれている。倫理とは何であるかとの問いにおいては、問われている者は人間である。人間は一定の間柄における我々自身にほかならない。しからばここでは問う者も問われている者もともに人間である。人間は行為の主体であって単なる観照の主体すなわち主観であるのみではない。また単なる観照の客体すなわち客観となることはできない。しからばここに主観客観の対立関係を用いることはできぬ。我々は人間を実践的主体として把握しなくてはならぬ。これが倫理学の方法の第二の特徴である。

しかし学的認識において認識の主観と客観との別を認めないというようなことはいかにして可能であろうか。

我々はこの問題に関してすでに認識論の範囲においてすら主観客観の対立関係の用う

べからざること、従って認識論が「有論」たらざるべからざることの主張せられているのを見る。その著しき例はハイデッガーである。彼はカント以後承認せられた認識論を、現象学の志向性の立場から覆そうとする。それはあくまでも個人意識の立場においての考察であって人間の立場に立つものではないが、しかし我々の考察にとってきわめてよい示唆を与える。その考えは大体次の通りである。

カント以後承認せられた主観客観の関係によれば、我々の認識には主観の統一が前提せられる。この主観が何であるかと問うにしても、この問いがすでに主観の統一にもとづく。従って認識の主観は絶対に認識の客観となることができない。それは捕えようとする時無限に後退して行くもの、従って到達し得られない限界概念である。しかしこのような主観客観の対立は、実は意識の志向性を解せざるにもとづくのである。そこでは「我れ」が主観として一方に立ち、「もの」が客観として他方に立つ。そうしてその我れが見る・考えるというごとき仕方でその「もの」に関係する。しからばその我れは見る・考えるというごときかかわりを持つ以前にすでに我れであり、「もの」は見られ・考えられる以前にすでに「もの」としてあるのである。従って両者の関係は両者の独立の有に依存する。しかし関係の成立する以前にすでに対立せる二つのもの、すなわち「我れ」と「もの」とがいかにして見いだされるであろうか。それは不可能である。我れは必ず「もの」への志向的関係を持つ我れであり、「もの」は必ずこの関係において見いだされるものである。我れとものとはこの関係に先立つのではない。関係が先である。従って志向性の地盤において初めて志向する者と志向せられた物、従って主観と客観とが別れてくる。かく見ることは、「もの」を志向せられたものとして主観化するようにも解せられるが、しかしそうではない。志向せられるということは主観の内にあることではない。志向せられた「もの」は主観に対立する対象としてあくまでも主観の外にある。しかも主観の外にあるものが主観とのかかわりにおいてでなければ見いだされない。そこで「もの」が志向せられたものである限り、客観は主観的であり、「我れ」がただものへの志向においてのみある限り、主観は客観的である。主観と客観との截然たる対立関係は用いることができない。両者の根柢をなすものは志向性であり、さらに志向性を可能ならしめるものは人の存在である。

右のごとき考えよりすれば、主観客観の対立は要するに我れとものとの対立であり、人間存在はかかる対立を可能ならしめる地盤である。しからばその人間が単なる客観として認識主観に対立するはずはない。しかもこのことを明白に認めていたのは、まさにカントその人なのである。彼においては認識主観に対する認識の客観はあくまでも「自然」であって「人」ではなかった。たとい人が経験的対象として取り扱われるとしても、それは自然物としての人であって本来の人ではなかった。本来の「人」は彼においては「認識」の対象たり得ない。「認識」とは、彼においては、理論的な理性使用である。すなわち観照的に客体及びその関係を前に置いてながめる立場である。だから観照の主体は決してその観照の視野に入り得ない。しかるに実践的な理性使用においては、客体の観照は問題でなく、ただ実践する主体のみが問われる。しかもこの主体が、あくまでも主体として、実践的に規定せられる。カントはこれを実践的な道徳形而上学として、ここにのみ人の全体的規定を求めた。人の全体的規定とは、すでに説いたごとく、人を経験的及び可想的なる二つの性格の統一において規定することである。かかる規定を彼は、主体の自己規定が実践的にあらわになるという直接意識の事実から出発し、その事実の分析によって得ようとした。すなわちそれは実践的にすでに行なわれている規定の理論的反省にほかならなかった。これがカントにおいて人を実践的主体として捕える仕方である。

倫理学はかかる意味においてすでに古くより実践的なる主体の学として理論的なる客観の学から区別せられていたのである。だからそれが認識主観において成立する学的認識でないこともすでに古くより承認せられたことである。ここで新しく問題となるのは、その実践的な主体が「人」あるいは「我れ」ではなくして「人間」であり間柄であるという一点にほかならぬ。

しからば実践的な主体としての人間とは何であるか。人間とは一定の間柄における我々自身であった。その「我々自身」が実践的主体である。間柄において汝・我れあるいは彼・我れなどとして働き合うとき、それが主観客観の対立に陥らず、汝はまた我れであり我れはまた汝の汝であるというごとき主体的連関があるゆえに、「我々」が成立する。あくまでも主観我の立場に立つものは「我れ」を「我々」とするためにきわめて困難なる他我の認識を解かなくてはならない。しかるに我々は物を考え出す以前にすでに我々である。人間としての実践的連関は、我れの意識の生ずる時すでに汝も彼もすべて我れであることをともに教える。我々のうちのある者がある時にある関係において汝と呼ばれあるいは彼と呼ばれても、それが常に我々であることを毫も妨げない。日本語において「我れ」という語を「汝」の意味に用うることのあるのは決してゆえなきことではない。

このような「我々」の立場は、すべてが主体として連関し合う立場である。それが主体的な間柄にほかならない。従って間柄は互いに相手が主体であることの実践的な了解なのである。行為的連関があるということと相互了解とは同義である。我れ・汝・彼というごとき関係は、この間柄を地盤として展開して来る。間柄にないものは、我れとも汝ともなることができない。

人間をこのような間柄として把捉することは、志向性における「もの」と「我れ」との関係に新しい光を投げる。人間は間柄において「我れ」となる。我れはその独自性において間柄を現わしている。従って「もの」と「我れ」との関係は、その真相においては、「間柄における我れ」と「もの」との関係である。ものを志向するのは「間柄における我れ」であって「孤立した我れ」ではない。しからば志向は本来共同志向であり、その共同志向が我れにおいて我れの志向となるのである。かかることは個人的意識を問題とする現象学の許さぬところであろう。しかしたとえば我々が「見ること」を共同的に問題となし得るのは、「見ること」が我れのみのことではなくして我々に共同のことだからである。「見ること」が個人的に相違するということさえも、この共同性の上においてのみ明らかになる。一般に志向性の問題が我々に共同の問題であるということは、すでに共同志向性を許しているのである。かかる意味において「もの」と「我れ」との対立の地盤たる志向性は、すでに人の間柄に属する。すべての「もの」が志向性において見いだされるということは、すでに初めよりそれが人の間柄において見いだされるということを含意する。ここに我々は主体的な間柄がいかに己れを客観化するかについての重要な視点を得ることができると思う。

しかし志向性はあくまでも対象を成立せしめる地盤であって、間柄自身の構造ではない。志向性においては志向せられたものは志向せず、志向作用は志向せられないのであるが、間柄においては志向せられた者が志向し、志向作用が志向せられる。従って志向作用そのものがすでに初めより志向せられることに規定せられている。たとえば志向性においてある「もの」を見るとき、この見られたものはあくまでもノエーマであってノエーシスではない。だから「見る」という志向作用は、ノエーマたる「もの」から逆に見られるということがない。しかるに間柄において「ある者」を見るときには、この見られた者はそれ自身また見るという働きをする者である。だからある者を「見る」という志向作用が逆に見られた者から見返される。このことは「見る」という働きが単なる志向作用ではなくして間柄における働き合いであることを意味している。従って「見る」ということが、相見る、眼をみつめる、睨みつける、眼をそらす、眼をそむける、眼を伏せる、見入る、見入らせられる等のさまざまの「見方」によって、鮮やかに間柄の諸様態を現わしている。このことは一方から見るという働き自身がすでに初めより他方から見られることによって規定せられ、かかる「見る作用の連関」がすべての見るの地盤となることを示すのである。（もちろんこの場合には連関の欠如態もある。他方から見られないことによって規定せられた見方、すなわち傍観、垣間見《かいまみ》などがそれである。）志向作用があくまでもノエーシス・ノエーマの連関であるならば、右のごとく本来的に相互のかかわりを現わしているような見方は、志向作用であることはできない。それはもはや単なる作用ではなくして「行為」である。だから、我々が具体的に「見る」という働きをする時には、実は我々は行為するのであって単なる志向作用を行なっているのではない。志向作用と呼ばれるものはかかる行為からすべての間柄的な契機を排除し、いわば中和的な意識作用をのみ残したものである。このことは「見る」についてのみならず、「聞く」「嗅ぐ」「味わう」「触れる」あるいは「欲する」「感ずる」「知る」等一切の作用について言うことができる。

志向性に対してかく間柄を区別することは、間柄が行為的連関であるという意味を一層明らかにするであろう。行為は「我れ」の立場において「意志」からのみ説かるべきものではない。それは自と他とに別れたものが自他不二において間柄を形成するという運動そのものである。従って行為は単に我れの意図や決意を含むのみではなく、他の主体についての了解をも初めから含んでいる。それでなければたとえば眼を伏せるというごとき見方をすることはできない。もちろんこの了解は正しいこともあれば誤れることもあるであろう。しかしとにかく他の主体から規定せられることなしにはいかなる行為も行なわれない。その意味において行為はすでに無限に多くの了解を含んでいるのである。だからこそ行為的連関としての間柄も成立するのである。また間柄のあるところに必ず言葉や行為の仕方も生じ得るのである。

　倫理学が実践的なる主体の学であると言われるとき、我々はこの「主体」を右のごとき実践的なる間柄として把捉せねばならぬ。倫理学において問われている人間は、まさにこのような主体的な間柄である。そこで倫理学はこのような主体をあくまでも主体として把捉しなくてはならない。このことは我々をして、一応、経験科学としての一切の道徳学からそむかしめる。また主観的意識の学としての一切の道徳哲学からもそむかしめる。問われている者はあくまでも主体的人間である。

一四　学としての目標

　問われている「者」は人間である。しかし倫理学は「学」として、倫理とは「何であるか」と問うのである。人間はその存在において人間を可能ならしめるような一定の仕方を持っている。この存在の仕方が倫理であった。しからば我々は問われている者人間がいかなる存在の仕方を持つかを明らかにしなくてはならぬ。しかもそれを「何々である」として答えなくてはならぬ。存在の仕方自身はただ行為することにおいてのみあらわにせられる。学は行為の中のきわめて特殊な領域、すなわち理論的反省の立場として、存在の仕方を一定の「であること」に翻訳しなくてはならぬ。これが倫理学において問われている「こと」である。これが第三に倫理学の学的性格を決定する。

我々はまず倫理学の目ざすところが「もの」ではなくして「こと」であるという点を明らかにしなくてはならぬ。

我々は倫理学が主体的な間柄をあくまでも主体として把捉しなくてはならないと言った。それは人間という「者」を客体あるいは対象としてはならないということである。人間とは我々自身であって我々に対《むか》い立つものではない。しからば我々は、理論的すなわち観照的な反省において、しかも観照すべき対象を持たないのである。いかにして我々は我々自身を把捉することができるのであろうか。

もし我々が我々自身でないものとなって我々自身に対立することができなければ、右のごとき反省は全然不可能である。反省とは他者に突き当たることによって己れに還って来ることにほかならない。己れに還り得るのはその他者が本来己れ自身だからである。我々は我々自身主体であってその主体を直接に見ることはできない。しかしその主体が外に出ることによって「客観」となり得るがゆえに、我々はまた主観としてこの客観に対立し、そうして客観を通じて主体自身を把捉し得るのである。従って人間という主体的なる「者」を主体的に把捉するためには、我々は人間ならざる「物」を通過しなくてはならない。これが「物」を表現として、すなわち外に出た我々自身として、取り扱う立場である。

「物」を「物」としてでなく表現として取り扱うということは、我々の日常生活における物の取り扱い方である。我々は周囲に見いだす「物」を机として、室として、家として取り扱う。すなわち道具として扱う。道具とは我々の生活の表現である。従って我々が故意に物からその道具性を捨象しない限り、物は表現であり外に出た我々自身であると言ってよい。

かかる立場において我々が「この物は何であるか」と問うとき、我々はこの物が何か「であること」を目ざしている。たとえばそれが「机である」と答えられる時、この問いは目ざしているものに達する。ところで机であることはこの物の有り方であって、この物自身ではない。そうしてその有り方こそまさに道具性である。しからばこの問いは物における生活の表現を目ざしていたのである。

倫理学は人間存在の学として一切の物における人間生活の表現を目ざしている。道具はもとより、身ぶり、言葉、動作、作品、社会的制度というごとき特に顕著な人間存在の表現は、それを通じて実践的主体を把捉するがための欠くべからざる通路である。ところでかく物において表現せられているのは、人間という「者」ではなくしてまさに人間の存在である。机であることが表現しているのは、人がそれにおいてある種の労働あるいは享楽をなすことであり、身ぶりが表現しているのは人と人との間のある関係である。人間という「もの」はこの存在においてあるのであって、それを離れた実体なのではない。従って一切の表現は実践的な間柄における主体的な存在の表現である。

このことはまた他面において表現をば単に個人的主観的なる体験の表出と考える立場をも斥ける。間柄に先立って個人的なる体験の表出があり、この表出を媒介として自他の間の了解や間柄が成り立つとすれば、根源的には他との間柄を予想せざる生の表出がなくてはならぬ。かかる表出は他者の了解を期待せざるものであり、従って自他の間を媒介することができない。表現が了解せられるのは、それが間柄を地盤として出てくるからである。間柄において自他が分離しつつその分離において自他が「我々」として直接に了解せられているからである。従って表現は、たとい個人的な体験の表出のように見えても、実はかかる個人として現われた間柄の表出である。

ところで間柄の表現は、それが了解せられることを通じて間柄自身を発展せしめる。間柄は自覚的な存在になる。人間存在はかくのごとく己れを外化し表現することを通じて絶えず己れを自覚的に形成し行くところの存在である。だから根源的には間柄を地盤とせざる表現がないにかかわらず、また自他の表現を媒介として形成せられる間柄もある。具体的な人間存在はかかる層の無限の重畳である。

しからば人間存在は、実践的行為的な間柄として、すでに無限の表現や了解を含んでいる。従ってその表現はまたそれ自身の内に無限に多くの他の表現や了解を含んでいる。我々はそれを単純な初次的な存在の表現から無限に複雑なそれに至るまで、無数の段階を数えることができるであろう。

倫理学が目ざすところの「こと」は、右のごとき表現において己れを示しているところの人間の存在の仕方である。それは実践的行為的にすでに無数の層において了解せられている。言い換えればその存在の仕方は実践的行為的にすでに自覚せられている。従って倫理学はかかる了解や自覚を、しかじかであることとして、「こと」に引きなおせばよいのである。

そこで問題は、存在の仕方を「であること」に引きなおすという点に移って来る。一体我々は何ゆえに倫理とは「何であるか」と問うのであろうか。何ゆえに学において「であること」をねらうのであろうか。ここに我々は繋辞としての「である」の問題に突き当たることになる。

「である」ももとより「あり」の一様態である。しかし古い日本語で「である」に当たるものは「なり」(にあり)及び「たり」(とあり)であった。すなわち「に」「と」というごとき助詞と熟合せる「あり」であった。「あり」が繋辞として働く場合にかく明白に已れを本来の「あり」から区別したのはなぜであろうか。

山田孝雄氏は「あり」の一語を純粋形式用言として独立に取り扱い、これに「存在詞」という名を与えている。それは本来物事があることをのみ意味したのであるが、そのあるの意味が抽象的精神的になり、思惟の形式を現わすだけの語となっている。従って根柢においては「人間思想の統覚作用をあらわす」のであり、この作用を専ら現わすに用いられるのが「賓語と主語とを結合せしめて文の決定要素をなす」ところのcopulaとしての「あり」の用法である。この場合には「あり」は「に」または「と」という助詞を介して賓語に接し、従ってそれらの助詞と熟合して「なり」「たり」となるのである。

この見解によれば、事物があるという意味の「あり」が本来の用法でありながら、統覚作用を現わす「である」が根柢的な用法となっているということになる。繋辞的用法を重く見るのである。しかし言葉自身は依然として事物があることをいう場合に本来の姿「あり」において用いられ、繋辞としては「なり」「たり」に姿を変えている。のみならず、「がある」というありの意味は、いかに抽象的精神的となっても「である」に転化することはできない。だから我々は日本語においては山田氏のごとく繋辞的用法を根柢的と見ることができないのである。

この問題は sein のごとく「がある」と「である」を区別しない言葉よりも、「あり」のごとく繫辞としては姿を変える言葉について考える方が、得る所が多いと思われる。なぜならここでは繫辞の「なり」「たり」が、助詞によって「あり」を限定したものにほかならぬからである。それを最も顕著に示すものは、「風静かなり」というごとく賓辞が副詞である場合であろう。「静か」という副詞は助詞「に」に助けられて「あり」を限定する。単に風があるのではなくして静かにあるのである。しからば「静かなり」は風の「有り様《さま》」を示すのであって、統覚作用をあらわすとは言えない。このような「なり」は山田氏が形容動詞として区別した「あり」(……くあり)と異なる所がない。「風烈《はげ》しかりき」もまた同様に風の有り様を示している。山田氏はこの「あり」が「がある」の意味を有《も》つことを承認しつつも、それは決して事物そのものがあるというのではなく、「属性の主体に依存すること」を示すと主張している。しかし「風烈しかりき」は風があったことをも明白に示し現わしているのであって、単に烈しさが風に依存することをのみ言うのではない。従って形容詞と熟合せる「あり」もまた限定せられてあることを示す。それは「風猛烈なり」という場合の「なり」と異なるものではない。そうして「風猛烈なり」という命題は「SはPなり」という命題の一つの場合にほかならぬのである。

しからば繋辞の「あり」は一般に「がある」の限定と見られ得るであろうか。我々は然りと答える。ＳはＰなりという命題の形式を最も代表的に示すものとして賓辞が体言である場合を取って見ても、たとえば「彼は学生なり」とは彼の有が学生としての有に限定せられるのである。「学生とは学ぶ者なり」というごとき分析的命題においてさえ同様に学生の有が学ぶ者としての有に限定せられる。このことは実在せざるものについての立言においても同様である。「幽霊は錯覚像なり」という命題は、幽霊が実在しないことを言い現わしたものであるが、しかもその幽霊は錯覚像においてあると言い現わされている。すなわち幽霊はあるのである。ただその有が錯覚像としての有に限定せられるがゆえに、同時に幽霊から実在的なるものとしての有を奪うことになる。だからこの場合にさえも、命題が二つの観念の結合であって、「がある」ことの陳述を含まない、とは言えぬと思う。

しからば「ＡはＡである」というごとき自同律はどうであるか。この場合にはＡがあるか否かは問題でなく、ただ「である」という必然の連関のみが問題だとせられる。従って「である」は「がある」を全然離れて純粋に統覚作用をあらわしている。もしＡが定立せられているならば、それはもちろんＡとして定立せられているのである。

すなわち「である」は絶対的な定立である。ところでこのような自同的命題は、日常の言語には存しない。「彼は彼なり」とか、「さすがに学生は学生なり」とかと言われる場合、そこに言い現わされているのは自同律ではなくして、彼や学生の有をそれとして一層強く限定することである。彼は彼である、だから我れと意見が相違してもいたし方がない。さすが学生は学生だけのことはある、他のものと有り方を異にしている。これらが通例の用法である。だからそこに「がある」を離れた絶対的定立を見るというのはほんとうでない。自同律が問題とせられるのは、「がある」ことに対する疑いが支配し、命題の真が疑われる立場においてである。人々は幽霊があると信じている。しかしこの「がある」は疑わしい。従って幽霊についての立言も疑わしい。我々は確実なものをどこに求むべきであるか。それは「幽霊は幽霊である」という命題である。幽霊があるか否かに関せず、この命題は絶対に確実である。しかしかかる思索は、その前提として、観念が有ることと及びその観念をそのさし示す事物と引き離して取り扱うことを許している。もしAが定立せられているならば、すなわちAという観念があるならば、それはAという観念としてある。Aという事物があるか否かには関しない。これが自同律の言おうとするところである。しからばここにも我々の観察は通用する。

かく見れば一般に繫辞としての「である」は、「がある」という意味の「あり」の限定である。しかし一体この限定とは何であるか。事物や観念がある。しかしそれらはただ「有る」のみであって自ら限定するというごとき働きをしない。働くのはただ人間である。赤が赤として己れを限定するというごとき言い現わしは、赤を赤として他から区別する人間の働きを、その赤へ投射したものにほかならない。だから事物や観念が何々であるとして有り方を限定せられるのは、実は人間のしわざである。前に我々は、事物があるのは人間に有たれることであり、従って人間の存在にもとづくとして説いて来た。しからば「有り」の限定は、事物や観念を有つ人間の有ち方の限定である。人間が風を有つ、すなわち風がある。人間がその風を静かに感受せられるものとして有つ、すなわち風が静かである。あるいはまた人間が風を風としてきわ立てて有つ、さすがに風は風である。ところでこのようなさまざまの有ち方は人間の存在の仕方にほかならない。かく見れば「がある」と「である」との区別は、人間の存在の内部における区別である。従ってこの両者の根柢に根源的な有を認めるとすれば、それは人間の存在そのものである。「あり」が「存在」をあらわすということは、厳密にはただここでのみ言われ得る。

以上のごとくにして我々は、「がある」と「である」とに分かれて用いられる「あり」という言葉を、人間の存在の顕示(apophanēsis)と見ることができる。「である」が学において特に重大な意義を持つのも、この顕示のゆえである。これによって我々は、何ゆえに学において「であること」が目ざされるかを理解し得ると思う。

しからば「である」によっていかに存在が顕示せられるか。それは「あり」が繋辞としての役目をつとめている場所、すなわち「陳述」において明らかにせられる。陳述とは人間の存在の言い現わしである。人間は何かについて陳述しつつ己れの存在を表現する。だから陳述は「あり」によって示されている。たとえば「Ｓがある」というのはＳについて陳述しつつ人間がＳを有つことを言い現わすのである。だから陳述においては、人間の存在はすでに先立って与えられている。陳述とはこの存在をのべひろげて言い現わすことである。のべひろげるに当たってそれはさまざまの言葉に分けられ、そうしてその分けられた言葉が結合せられる。逆に言えば結合の前に分離があり、分離の前に陳述せらるべき存在がある。

「あり」を単に結合の辞とするのは、その結合の前にすでに個々独立の言葉が与えられていることを前提しつつ、ただこの結合の契機をのみ見てそれに先立つ分離を見ないのである。かかる立場においては、何事かをのべるに際して言葉を探すという現象は、説明し得られぬ。そこには結合せらるべき言葉はいまだ無いにかかわらず、のべらるべき「こと」はすでに与えられている。人はこの「こと」をさまざまの言葉に分けた後に初めて結合し得るのである。しかしすでに言葉に分けられた後でも、「Ｓがある」というごとき陳述においては「あり」は結合の辞でない。陳述せらるべき「こと」がＳと「がある」とに分けられたままでも陳述は成り立っている。

しからば陳述においては結合よりも分離が重大な契機である。「あり」の現わす結合は分離にもとづかねばならない。我々の国語によれば、理解を言い現わす語は「分かる」であり、理解せられた「こと」は「ことわり」であり、理解しやすく話すのは「ことをわけて話す」のである。もとよりかく分け得るのは「こと」の内に本来分けらるべき構造があるからである。だから理解は「ことのわけ」が分かるのであって「わけのないこと」が分かるのではない。しかしすでに「わけ」があるとしても、理解せられる以前にはそれはまだ分かっていない。だから「わけ」は分かるべき構造を持った統一である。理解はそれを分けて分かった構造に引き直すことにほかならぬ。しかもその分け方は、個々独立の部分に分けるのではなく、本来の統一が部分に現われるように分けるのである。従ってこの分離は本来の統一の自覚を意味する。

「分かる」のは統一の自覚である。従って分離自身に本来の統一が現われる。その明白な言い現わしが「である」である。ＳはＰであると言われるとき、ＳとＰとに分けることがすでに両者の本来の統一の自覚であるがゆえに、両者は「である」によって結合せられるのである。だから「である」の結合は、分離において自覚せられた統一の表示にほかならぬ。統一・分離・結合の連関において初めて統一の自覚が成就せられる。我々が「ＳはＰであると分かった」というごとき言い現わしを用いるのは、結合がすなわち分離なるがゆえである。

ところでこの統一・分離・結合の連関における統一の自覚こそ、まさに人間存在の根本的図式なのである。陳述は、だから、人間存在を言葉において言い現わすときに、その存在の構造をそのまま映し取っている。それはなぜであろうか。我々はそれを陳述の本質から解き得ると思う。

陳述とは人間の存在の表現にほかならなかった。しかるに人間存在とは、間柄における行為的連関である。そうしてその行為的連関はすでに無限の表現や了解を含んでいる。従って「わけ」はすでに行為的にわかっており、しかもそれがすでに言葉に言い現わされている。その言い現わしが陳述の根源的な姿である。人間がもし間柄でないならば、いかなるものがあるあるいはものが何かであるということを、言い現わす要はない。言い現わすのはその「もの」を共有する間柄において、その「もの」に即して自他の連関を実現するがためである。それは身ぶりや動作によっても行なわれるが、言葉はその最も発展した表現の手段である。それによって言い現わすとき、実現せらるべき自他の連関が最も容易に実現せられる。だから「言い現わし」すなわち陳述は根源的には間柄の表現である。陳述においては間柄における「わけ」が最も細かに分けて陳べひろげられる。

ところで間柄の表現においては、身ぶりや動作の場合でさえも、その間柄がすでに先立って与えられている。表現を通じてそれが発展するにしても、表現によって初めて成立するのではない。初対面の挨拶といえども初めて知り合うという間柄が挨拶に先立って与えられていなければ表現として無意義である。表現はかく先立てる間柄の客観化である。従って表現においてさまざまの形が分かれることは、間柄においてすでに分けがあるからにほかならない。言い換えれば間柄においてすでに実践的行為的に分かっていることが、それぞれの表現において客観化せられるのである。

しからば間柄において実践的行為的にすでに分かっているということはどういうことであるか。それは自と他とに分離しつつしかも間柄として合一していることである。ところで分離はあくまでも統一における分離である。根柢において一であるものでなくては分離するということがない。もともと二つのものであるならば、それは分離を待たずして離れている。だから分離はただ一なるものの否定としてのみ起こり得る。自と他とは、本来自でもなく他でもないものが、そのないことの否定として己れを現わしたものである。それはもはや一でなく、従って自はあくまでも自であって他でなく、他はあくまでも他であって自ではない。しかも自と他とは、本来一であるゆえに、自他不二的に連関する。自他不二とは自と他との否定である。かく一者が分かれつつ不二であるということにおいてのみ間柄は成立する。だから実践的行為的連関として間柄が存するということは、統一・分離・結合の連関があることであり、かかる連関として実践的行為的にすでに分かっているのである。それが間柄としての実践的行為的な「わけ」である。

このような「わけ」は、言葉に表現し得られるのみならず、さまざまの習慣、生活様式などとしても客観化せられる。その客観化を通じて見れば、実践的な「わけ」がいかに微妙な相互の了解を含んでいるかがわかる。そこでこのような「わけ」が言い現わされると「こと」になる。言い現わしは表現であるゆえに、一面において現わされる「わけ」をさしつつ、他面においてそれ自身の存立を持っている。だから「こと」は一面において「すること」(事)でありつつ他面において「いうこと」(言)である。しかしすでに「こと」となれる以上、それは実践的行為的な「わけ」そのものではない。「そういう事をしてはいけない」という場合、するあるいはしないが問題とせられているその「事」は明白に行為であるが、しかしそれは今「そういう事」として言い現わされている。我々は今行為するのではなく、その行為を「こと」として我々の間に置いているのである。従って言い現わされた「こと」は、実践的な「わけ」を己れの内に映し取っている。それが「ことのわけ」である。それを陳べひろげるのが陳述にほかならない。だから陳述は人間存在の構造をあらわすと言い得られるのである。

かく見れば我々が何ゆえに学において「であること」をねらうかが明らかとなる。我々は右のごとき「ことのわけ」を陳述しようとしているのである。そうして「ことのわけ」はすでに人間存在の構造を己れの内に映し取っているのである。従って我々は「ことのわけ」を分析することにおいて人間の存在の仕方を「であること」に引きなおし得るのである。

そこで我々は倫理学の方法をこの点から規定することができる。倫理学にとっては「ことのわけ」がすでに与えられている。倫理学が初めて実践的行為的な「わけ」を「こと」に化するのではない。実際生活において「もの」のわかった人は、(理論的な反省をすることなしに、)また「こと」を分けて話すこともできる。すなわち彼は単に人間的に存在するのみならず、また存在論的である。従って人間の存在は理論的な存在論以前にすでに存在論的であると言われる。これは存在論にとってすでに「ことのわけ」が与えられているということにほかならない。我々の倫理学は、人間存在の学として、我々の意味における存在論である。それは存在論以前の存在論的理解、すなわち「ことのわけ」を捕え、それを通じて人間の存在の仕方をあらわにする。従って間柄として存在が統一・分離・結合の連関において自覚せられる。この連関こそまさに倫理である。

実践的行為的な「分け」がここにおいて理論的に自覚せられた行為の仕方になる。しかしかく見れば、存在論としての倫理学と、実践的行為的な「わけ」との間には、すでに「ことのわけ」が介在し、さらにかく「こと」を分けて話すところの「物のわかった人」が、従って物がわかるということが、介在する。これらを通じなくては学としての倫理学は倫理そのものに触れることができぬ。そこで倫理学にとっては、理論の立場からの人間存在への通路が問題となる。

一五　人間存在への通路

我々は主体的なる人間存在を学的に把捉するがために、言葉や物におけるその表現、及びその表現の理解を通じなくてはならぬ、ということを見て来た。実践的行為的連関としての間柄は、右のごとき通路によってのみ、学問的把捉を許すものになる。そこで、このような通路が果たして欠くべからざるものであるか、もししかりとすればそれがどういうふうに学的方法の中へ持ち来たされるか、それが問題とせられねばならぬ。

この通路の問題は、我々自身の存在があくまでも主体的であり、従って主体的に把捉せられなくてはならぬという要求にもとづいている。もしこの存在を自然の有と同じく対象的に観照せられ得るものと見るならば、そこには通路の問題は存しない。だから経験論的立場において倫理を捕えようとするものは、言い現わされた風習道徳、あるいは客観化せられた社会的制度を、直ちに学的対象として取り扱う。が、また人間存在をただ単に自我の有としてのみ取り扱う立場においても、その主体的な把捉は主観の意識の問題として通路を要せざるものになる。カントの立場はまさにそれであった。彼においては、主体の実践的なる自己規定は、直接意識の事実である。だからそれはそのまま実践哲学としての理論的意識へ転化させられる。たといそれが超個人的主観、すなわち本来的自己の自己規定であるとしても、その規定が直接に現われる場所は、個人的主観の意識である。すなわち主観において直接に知られている。通路の要はない。

しかし人間存在をあくまでも主体的に、しかも「人間」の存在として把捉するためには、我々は意識に先立ち意識の地盤となる層へ入り込むのである。それは主観の意識から出発することによってはなされ得ない。実践的行為的な連関は、その複雑に発展せる段階においては、意識の契機を多分に含んではいるが、しかし意識において初めて成立するものではなくして、逆に意識を成立せしめる地盤である。かかる「人間」の存在が目標であるがゆえに、個人の直接意識の事実からではなくして、人間における事実、すなわち歴史的社会的なる事実を媒介として人間存在が探られねばならぬのである。

新カント派において実践哲学もまた学の事実を媒介としなくてはならないと考えたと

きには、この通路の問題がすでに触れられているのである。コーヘンにおいてはそれは法律学であり、ゲールラントにおいてはそれは社会科学であった。特に後者においては、学の事実を通じて人間存在へ達するという道が、かなり明白に把捉せられているように見える。彼にとっては倫理学はもはや徳論でも善論でもなくして、経済学・国法学・教育諸科学などの特殊社会科学の基礎学である。これらの社会科学が前提とするところの、「人間性の統一における意志の統一」の問題こそ、倫理学の根本問題にほかならぬ。意志とは個人が内的体験において意識する能力というごときものでなく、まさに社会科学的方法の基礎概念であり、意志の統一とはまさに人間の共同態である。すなわち共同態そのものが倫理学の問題なのである。

我々はここにきわめて興味深い考えを見いだすことができる。社会諸科学は、人間存在の表現を捕えつつ、これを表現としてではなくして、単に経験の対象として取り扱う。かかる経験を通路として、その可能根拠たる人間の共同態に迫ることは、結局人間存在の表現を介して人間存在を把捉することである。たとえば経済学はすでに商品を経験的に認識している。そこでこのような経験的対象を対象たらしめる場面、すなわち商品を商品たらしめる場面への通路が開かれる。その場面は人間の存在にほかならぬ。しかしかく見るのは我々の立場へ引きつけての解釈であって、ゲールラント自身の考えでないことは言うまでもない。彼においてもコーヘンと同じく、思惟が「有る」を生産するのであって、概念に先立つ存在などを認めはしない。彼が目ざすのは「学」の事実を通じて「学」の基礎概念に到達することである。従ってまた経験の対象も、意識の統一において成立する客観であって、人間存在の表現というごときものではない。「経験」の概念は特に優越なる意味において自然科学的に組織せられた経験を意味している。経験、もしくは学の事実を通路として共同態に達するとしても、その共同態は概念であって人間存在ではない。

我々は右のごとき学の事実に代えて、日常的実践的なる経験の事実を捕えようとする。かかる経験は、単に観照的なる対象の意識ではなくして、実践的行為的なる連関そのものの内に与えられている。だからそこでは対象は常に人間存在の表現である。たとえば我々は日常的に物を買うことにおいてすでに商品を経験している。が、この商品は単なる対象物でもなければまた経済学的概念でもない。それは衣食住としての人間存在のそれぞれの契機を表現せるものであって、食料品、飲料、衣服、家具等々として取り扱われ、それぞれの商店あるいは部門において商われる。さらに細かく言えば食料品は家庭の日常必需品、料理屋の消費品、あるいは贈り物、祝い物等々として性格づけられている。同様に衣服も礼服、訪問着、ふだん着、制服、子供服、赤ん坊の着物等々として商われる。家具もまたあらゆる生活の仕方を表現している。すなわち商品にして人間存在を表現せざるものはない。そうして我々はこの表現に即して商品と交渉し、表現なきものを商品としては扱わない。しからば我々は商品の経験においてすでに人間存在の表現を理解しているのである。かかる経験を通路としてこそ我々は人間存在に達し得るであろう。

かく見れば社会科学が組織せるさまざまの経験は、それが学的に組織せられているゆえにではなく、それが日常的な人間の経験から取り集められているがゆえに、人間存在への通路を供し得るのである。我々はそれらの経験をその日常性に還すことによって、そこに表現の理解としての豊かな意義をも見いだし得るであろう。かく修正せられた意味においては、社会科学の事実もまた人間存在への通路として扱われてよい。しかし要するところは、個人的なる意識の事実ではなくして実践的行為的連関における人間の日常経験を、存在への通路として択《えら》び取ることである。

かかる考え方にとってはハイデッガーの存在論はきわめて教うるところの多いものである。彼においては存在(Existenz)は「であること」(essentia)と「があること」(existentia)との地盤をなすものであって、ただ人にのみ帰せられる。しかし彼はこの「人」が、他の対象物と同じく単に「有るところの物」と混同せられることを恐れて、特に

Dasein(現に有ること)という術語でもって呼んでいる。「現に有ること」に固有な有り方が存在なのである。ところでこの存在への通路が彼においてもきわめて重大な問題になる。なぜなら人は、有るところの物としては我々に最も近いが、しかしこの物の有り方を問うに当たっては、我々に最も遠いものになるからである。そこで彼は、人を対象的なるものとして取り扱う在来のやり方を離れて、人の最も単純な有り方、すなわち「世界の内に有ること」(In-der-Welt-sein)を捕え、この有り方の持つ統一的構造を存在への通路とする。人がその日常性において何らかのものとのかかわりにおいて有ることは、何人にも明らかな、最も明証的なことである。それが世界の中に有ることにほかならない。かかる有り方において人は対象からして己れの有を了解する。それが現に有ることの有りの構造である。この構造が明らかにせられるに従っておのずからそれが時間性として己れを現わし、その時間性において存在の構造が確実に把握せられることになる。

　我々がハイデッガーにおいて学び取るべきものとするのは、人が直接に己れ自身を対象とするのではなくして、逆に対象的なるものから己れの有を了解する、という点である。「有るところのもの」の有り方は実は人の存在に根ざしている。だから存在への通路は、日常的に与えられた「有るところのもの」において認められる。このものを捕えて、その有り方に着眼するとき、我々はすでに存在への緒を見いだしているのである。

かかる方法においてハイデッガーは実に模範的であると言ってよい。しかも我々は彼の方法をそのままに襲用することができない。なぜなら彼は、我々が一―三において問題としたごとき志向性を掘り下げて人の存在に達するのであり、従って間柄としての存在には達し得ないからである。このことは同時に彼の出発点たる世界・内・有が、単に我れとものとのかかわりであって、我々の意味における「世の中にあること」ではない、という点にも連関する。従って「有るところのもの」もまた原始的には我れとのかかわりにおいて有るのであって、人間に有るのではない。すなわちその有り方が根ざすのは人の存在であって人間存在ではない。

かかる相違はハイデッガーの問題設定そのものにもとづいている。彼にとっては有の問題(Seinsfrage)が哲学の根本問題である。哲学は「有るもの」の学ではなくして「有」の学であり、従って最広義における有論(Ontologie)である。形而上学は究極的な「有るもの」を問うのではなく、右のごとき有論たらねばならない。この主張を基礎づけるのが彼の努力の核心なのである。人の存在が問題とせられるのは、右のごとき有の問題を根源的に洗い上げるがための道程にほかならない。なぜなら、有は一般に対象(有るもの)の有であり、従って有の問題はまさに対象の有の問題なのであるが、しかし有とは何であるかと問うのは問者たる人の有り方であるから、有の問題の中に入り込む前にまず有の問題自体が、すなわち問者たる人の有り方が開明せられていなくてはならない。かくして有の問題が人の有り方の問題に帰着するのである。人のみは、他の「有る物」と異なって、己れ自身の有を問う。すなわち己れの有において己れの有に係わっている。それは何らかの仕方で己れ自身をその有において了解しているということである。このような人の有り方が特に存在(Existenz)と呼ばれる。だから存在は自覚有である。かかる自己了解的な存在の構造を分析するのがハイデッガーの Existenziale Analytik des Daseins(現に有ることの存在論的分析)なのである。かく見れば存在の問題は、ただ有の問題からのみたぐり出されたと言えるであろう。人の存在を有の了解として規定するのも、その人が「有を問う者」として扱われるからである。目ざされているのはあくまでも有であって、存在の全面的な真相ではない。

このことは「有の了解」が持たされている二つの意義を区別することによっても明らかとなるであろう。有を問う者としての人は、己れ自身をその有において了解している。それが存在であると言われる。しからば存在は「己れの有の了解」である。しかるにまた人は、本質的に「世界の内に有ること」であるゆえに、世界というごときある物や世界の中で出逢うところの「有るもの」の有などを根源的に了解している。これは「己れならざるものの有の了解」である。もとよりこの後者は、ものに反射する己れ自身の了解であるが、しかしこの自己了解は己れ自身の有を問うというごとき自覚的態度なくして行なわれるものである。ものとの係わりが直ちに「ものの有の了解」であり、そうしてこの「有の了解」が直ちに人の有り方なのである。しからば問者としての「己れの有の了解」は、「ものの有の了解」においてこの有の了解をさらに了解するところの了解でなくてはならぬ。了解は彼においては「自己最奥の有り得ること」(das eigenste Seinkönnen)として規定せられる。ものの有の了解とは、ものとの交渉において「有り得ること」である。そうしてそれはまさに人の存在にほかならぬ。しかるに己有の了解は右のごとき了解の了解、従って「有り得ること」の「有り得ること」とならねばならぬ。しかしこれはハイデッガーの欲するところではなかった。彼はただ一重の有の了解を捕えようとする。従って彼は、対象の有の了解において己れの有もともに了解せられるという。しからば己れの有の了解は、己れの有を問う立場に先立って、ものの有の了解の内にすでに含まれているのである。かく見れば問者としての自覚有から引き出される有の了解は、実はものとの係わりにおける対象の有の了解にほかならぬことになる。かくして有の了解の地盤に対象の有が成り立ち、従って対象を有らしめる有の了解がそのまま人の存在になる。だからこそ人の存在の分析が基礎的有論として、さまざまの対象の有を問題とするそれぞれの有論の基礎に置かれるのである。言いかえれば彼の存在論は、人の存在をただ有の問題の基礎という点からのみ捕えようと目ざすのである。

以上のごとく対象的なる有論の基礎を提供するのが目標である限り、ものと我れとの係わりが出発点とせられるのは当然であろう。かかる「係わり」から「もの」を抜き去ってただ係わりの構造にのみ着目するとき、そこに時間性が明らかにせられる。時間性において人の存在構造はきわめて深く内的に把捉せられているように見える。しかし抜き去られた「もの」の痕跡は決して消えてはいない。彼の時間性の考えの核心をなすものは「外に出る」ということである。外に出る場面、超越の場面、すなわち存在(ex-sistere は外に出ることである)、それが対象を対象たらしめる場面とせられる。すなわち抜き去られた「もの」をさす方向が、まさに外に出る運動にほかならない。ここに彼の考えが志向性の考えから出たという来歴をまざまざと見ることもできるであろう。

かく見れば彼における「存在」が人間存在たり得ないゆえんも明らかになる。彼においては存在への通路は我れとものとの係わりである。従って人は初めから「我れ」として規定せられる。それが誰であるにしろとにかくいずれも我れである(Jemeinigkeit)。存在論的には「人」「我れ」などの言い現わしを控えて Dasein(現に有ること)を用いるが、この Dasein の存在的内容は我れとしての人にほかならない。ものとの係わりから始める限りこれは当然のことである。が、それとともに人を根源的に間柄において把捉する道は遮断せられてしまう。

もちろんハイデッガーといえども人と人との係わりを無視しているのではない。彼は「現に有ること」が誰であるかの問題において他人すなわちMitdaseinを説いてはいる。しかし自他の対立的統一を意味する間柄はそこには触れられていない。彼においてはまずあるのは道具とのかかわりにおける世界・内・有である。その道具の有り方において初めて他人が見いだされる。道具に出逢うとき同時にその道具の使い手・作り手・持ち主・売り主などに出逢う。これらの他人は我れと同じく道具にかかわり、従って我れと同じくDaseinとしての有り方により世界・内・有の仕方において世界の内にある。だからそれは道具のように「手にある」(zuhanden)のでもなければ自然のように「前にある」(vorhanden)のでもなく、存在の構造上「それもまたともに現に有る」のである。かくともにするところの世界・内・有にもとづいて、世界は我れが他人とともに分ける世界すなわち共同界(Mitwelt)であり、「内に有ること」は他人と「ともに有ること」(Mitsein)である。だから他人が世界の内にそれ自ら有ることは、同時に「ともに現に有ること」(Mitdasein)なのである。かくハイデッガーは説いている。しかしこのような「ともに」が、いつも我れであるところの個人の並在であって、自他不二的統一を持たないことは、一見して明らかである。それが「ともに」ある地盤は道具の世界であり、他人のMitdaseinは道具から出て向き合って来る。だからDaseinが本質的にそれ自身において「ともに有ること」であると言われるにしても、それは結局アトム的なるDaseinの並在であって、一つの全体としての「共同態」ではない。だから人は己れを「手にある物」から見いだすのであって、間柄から見いだすのではない。もちろんハイデッガーが自他の主観の対立を前提として他人が出てくるのでないことを力説したのは正しい。また他人との有の関係が己れ自身を了解する己れの有を他人の内に投射したものであるとの「感情移入」の立場を斥けたのも正しい。しかしあくまでも有の了解を介してのみ他人が出てくると考えたところに、彼の存在論の著しい限界がある。それは有の了解よりもさらに根柢的な実践的行為的連関、すなわち人間存在を見のがしてしまう。存在構造としての時間性もただ我れのみの存在において取り扱われ、間柄の構造としての意味を全然失っている。

我々は存在を捕えようとする彼の方法に学びつつも、その存在を人間存在として把握しなくてはならぬ。すなわち「世の中に有ること」をまず間柄にあることとして明らかにしなくてはならぬ。我々は「もの」と係わる前に「人」と係わっている。道具を介して他人を見いだすというのは、「我れ」から出発して他人に達しようとする思索の順序であって、実践的行為的なる人間存在の事実ではない。我々は現実において道具を見いだす時すでに他人との間柄に立っている。家族的に生きることなしには家具との交渉なく、社会的に労働するのでなくしては鎚を手にしない。だから道具はすでに間柄の表現であって、単に我れの「手にある物」ではない。かくして人間存在への通路は、見合い語り合い働き合うというごとき日常的な存在の表現や、さらにこれらの日常関係の中で取り扱われるさまざまの物的表現において求められることになる。我々の日常性はこれらの表現の了解において成り立っているのである。

ディルタイの説く生・表現・了解の連関は、その「生」が人間存在として把捉せられるときに、その優秀なる方法的意義を発揮し来たると思う。表現はあくまでも個人的であるとともに共同的であるところの生の表現である。意識的努力において把捉し得られない主体的な人間存在は、ただ表現においてのみ己れをあらわにする。すなわち意識せられるよりも先に表現せられ、表現を通じて初めて意識にもたらされ得るのである。ここに主体的実践的な人間存在を主体的に把捉する道が与えられている。

我々は「事実に即する」ということを、日常的なる表現とその了解から出発するという意味に規定する。それは必ずしも人間存在の充分な表現でもなければ了解でもない。のみならずそれはディルタイの言うごとく実践的利害に支配せられたものであって、人を欺くこともできれば、また人によって種々別々に了解せられる。しかしそれにもかかわらず、観察、反省、理論などに先立つところの実践的行為的の間柄が、すでにこの表現・了解において、「こと」のわけに化せられているのである。それは「まこと」であることも「ひがこと」であることもできる。しかし欺かれるという現象そのものは、「まこと」なる間柄の表現と了解を地盤としてのみ可能なのである。だから我々は日常的な表現と了解を通じて人間存在の構造、従って実践的行為的な連関の仕方を見いだし得ると考える。しかし日常的な表現と了解とがいかに多様であり、またいかに複雑に動いて行くかを思うとき、我々はかかる日常経験の鋭い把捉に長じた文芸家の人間描写に頼ることもできる。文芸家は日常的な人間存在の表現をさらに表現する。我々は二重の了解を通じて人間存在に迫ることもできる。かく考えれば人間存在への通路は無限に豊富である。

この豊富さを示す一例として我々に最も近い日常経験の一部、朝起きて飯を食うという単純なことを捕えてみる。朝起きるのは通例「家」の内においてである。「家」は単に材木や土の集積ではなくして「住居」であり、住居としてすでに人間存在を表現している。「家」という言葉が通例家族共同態を言い現わしているように、家の構造は通例家族的なる人間存在を表現する。居間、寝間、客間、台所、玄関等は、それぞれに家族的なる共同存在の仕方を示している。もしその家が旅館であり下宿屋であるならば、そこにもまたそれぞれに一定の性格を持った「室」がある。人が起きるのは寝間とか已れの室とかにおいてであって、台所や廊下においてではない。従って起きることはすでに家としての存在の表現の了解を示している。ところでかく起きいでる室は、畳を敷き襖に仕切られている、あるいは板敷きであり錠前のある扉に閉ざされている。このような室の様式は一定の社会の歴史的風土的諸制約の表現であり、従ってまたそれぞれに異なった存在の仕方を表現している。すなわち人は他人の自由に開閉し得る襖の中で眠ることもあれば、また扉に錠をおろして眠ることもある。それはそれぞれに他の人との間柄を表現している。もし人が他の人を信頼し得なければ襖の中で眠ることを欲しないであろうし、従ってそこで起きるということもない。しかるに他の人は容易に開閉し得る襖をも許可なくしてはあけようとしない。襖をあけるにも一定の仕方があり、そうしてそれがまた存在の仕方を表現している。襖の中で起きるものはすでにこの表現をも了解しているのである。我々がそれを意識すると否とを問わず、我々はこれらの了解の上においてのみ朝起きることができるのである。同様にまた我々は「衣」についても述べ立てることができる。朝起きるのは通例夜具の中からであり、その時には通例寝間着を着ている。我々はそれを着換える。それは常着とか礼服とかというごとき衣の種類に表現せられた存在の仕方をすでに了解しているからである。さらに顔を洗って飯を食う。食器や食卓や料理の仕方や食事の作法などがすべて一定の存在の仕方を表現する。我々はその表現の了解においてのみ飯を食うことができる。さらにそこでは家族の間に言葉や身ぶりがかわされ、食事そのものが共同的になされる。我々は味覚をただ己れのみの感覚とするのではなく、共同に食物を味わうのである。これらはすべて間柄の表現でありその了解であって、それなしには人は何物をも味わい得ぬであろう。

　朝起きて飯を食うという一事をきわめて簡略に考えても右のようになる。しからば我々の日常生活が実に茫漠たる表現の海であることは明らかであろう。我々は人間存在への通路を求めてかえってこの表現の海に溺れることはないか。かく無限に豊富な日常的表現とその了解を通路とするよりも、むしろかかる日常的経験を一定の視点の下に整理した社会科学、すなわち経済学、国法学、教育科学などの事実を通路とする方が、はるかに確実ではないであろうか。この疑惑に対しては我々は次のように答える。なるほど社会諸科学は、日常的な存在の表現と了解とをその素材として、それを一定の秩序にもたらしてはいる。しかしそれらは、学的経験の立場において、存在を表現するものからその表現の意味を抜き去り、そのものをただものとして取り扱う。かかるものの間の諸関係を理論的に規定するという努力は、実は、これらのものが存在の表現であり、そうして我々が日常的にそれを了解しているがゆえに起こって来るのではあるが、学的取り扱いにおいてはこの地盤は隠されてしまう。だからたとえば経済学における商品の概念はもはや人間存在の表現としての意味を持たぬ。しかるに我々にとってはこの隠された地盤が必要なのである。そこにこそ主体的な人間存在が「ことのわけ」に化せられてくる急所がある。すなわち実践的行為的な連関が意味の連関に転化し来たる熔炉がある。そこを捕えることによって我々は人間存在へ溯源することができるのである。もちろんそれによって我々は人間存在自体をノエーマに化するのではない。ノエーマたり得ない存在構造が、しかもノエーマ的構造に移されるという根源的な連絡を、この個所において確保するのである。かかる意味において「表現」の運動は我々にとっての最も貴重な鍵である。

のみならず日常生活における表現の横溢は、表現とその了解とを介して人間存在へ溯源する立場にとっては、さほどの困難を提供するものでない。表現を単なるものに化して、そのものの間の関係を規定しようとする立場にとってこそ、ものが豊富であることは規定を困難ならしめるでもあろう。しかしそれらのものは表現するものとしては常に人間存在をさしている。いかにそれが多様であっても帰趨するところは一である。従って我々はどこからでも始めることができる。またどの表現物を手がかりとすることも自由である。

ただしかし我々は人間存在への溯源そのものを順序正しく行なわねばならない。我々がどの日常的表現を捕えるにしても、それは人間存在の表現としてまず「間柄」を開示する。電車は「交通」の道具として間柄を表現し、商品もまたそれぞれの社会関係を示している。山でさえもたとえば東山は「名勝」「保護林」等々として社会的存在を表現する。しからばこの間柄とは何であるか。我々は手近に親子の間柄、男女の間柄、友人の間柄等々においてこの間柄の表現と了解とを見いだすことができる。そこからして間柄の基本的構造が明らかにせられ得るであろう。ところでこの間柄が交通機関や通信機関において表現せられる限りにおいては、それは広く世間を示している。そこに時間的空間的な間柄の構造があらわれてくる。が、かかる構造があらわになるとともに、家、村、町、国、あるいは都会、会社、というごとき客観的な形成物が、それぞれの特殊な人間存在の仕方を表現するものとして、重要な意義を現わしてくる。親子の間柄、男女の間柄というごときものも、ここでその固有の構造や、人間存在における位置をあらわしてくるであろう。それとともにかかるさまざまな存在の仕方を一定の段階として含むところの全体的な存在の仕方が、国民、民族というごときものから開示せられるであろう。かかる取り扱いをするとすれば、人間存在の表現の無限な多様性も、決して我々を混乱におとしいれはしない。

ところで右のごとく間柄の表現形態を重要な手がかりとして用いることは、我々の倫理学を社会学に近接せしめる。一体我々はこの両者をどう区別しようとするのであるか。

この問題については我々はまず社会学なるものが、ポリスの学、国家の学から分かれいでたという歴史的連関に注意しなくてはならない。国家と社会とを区別して社会学を独立させたのは近く十九世紀の仕事である。アリストテレスが「人間の哲学」においてポリス的な存在の仕方を取り扱った伝統は、十八世紀まではなお残っていたと言える。ところで人は社会学を独立させた時に、社会もまた人間存在の一つの仕方であることを閑却して、それを「人の学」に対立せしめたのである。このことは「人」の把捉を誤らしめるとともにまた「社会」の把捉を誤らしめる。十八世紀の個人主義が孤立せる「人」から社会を説いたのは誤りであったとしても、それを脱するために社会を人から離すこともまた正しくない。社会は「人間」である。社会の学は人間の学でなくてはならない。従ってそこでの根本問題は人と人との間柄である。個であるところの「人」がいかにしてまた同時に「共同態」であるか、総じていかなる行為の仕方が人間の団体というごときものを可能にしているのであるか、それがここで根本的に解かれねばならない。かく見れば社会の学は本来倫理学と異なるものではないはずなのである。

しかし社会学はそういうものとして形成せられたのではなかった。それは人間存在の表現形態としての社会を、その表現的な意味から引き離して、それ自身における対象として取り扱う。そうしてその対象における本質的関係を明らかにしようとする。従ってかかる形成物に表現せられた主体的人間は問うところでない。我々にとって人間存在への通路となるものが、ここでは対象自身なのである。もっとも社会学の中にも社会を「対象」としてでなく「主体」として把捉しようとする試みは現われてはいる。しかしもしそこでこの「主体」が、単に個人的なる主観ではなくして「人間」であることを理解したならば、その社会学は倫理学たらざるを得ないのである。人と人との対立的統一は、一定の行為の仕方なしには可能とならない。すなわちいかなる社会団体も倫理にもとづいてのみ存在し得る。すでに存立せる団体を、その表現形態に即して、単に対象的にながめるのならば、それは社会を主体的に把捉するのではない。主体的把捉はかかる団体をその存立の根柢にまで、すなわち倫理にまで、さかのぼって把捉しなくてはならない。これらのことは、社会が人間存在の一つの仕方であることを省みれば、容易に承認せらるべきであると思う。

一六　解釈学的方法

日常生活における表現とその了解とを通路として人間の主体的な存在に連絡すること

は、学的立場における表現の理解の問題である。我れの身ぶりに対して汝が応える場合には、すでにそこに表現の了解が働いている。しかしこの了解は、二人の間柄を存立せしめる契機であって、この間柄がいかなるものであるかというごとき存在論的理解ではない。存在論的理解は、了解において発展する表現を捕えて、そこに形成せられた意味的連関を取り出し、それを二人の間柄の構造に連絡させて理解しなくてはならぬ。たとえば身ぶりをかわすという表現は二人の間に今了解せられた「こと」を我々に示す。我々はその「こと」において二人の間の実践的行為的な連関を理解することができる。主体的な存在の仕方が、それにもかかわらず理論的に「であること」として確定せられるのは、かかる表現の理解にもとづくのである。

しかしこのような理解が単に恣意的主観的でなく、学としての客観性を持ち得るということは、いかにして保証せられるであろうか。それを我々は、表現の理解に客観性を与えるところの、解釈学的方法に求めようと思う。

解釈学(Hermeneutik)はもと文学の地盤から生じた。(文学という言い現わしを自分はPhilologieに当てて用いる。それは文の学であって文芸ではない。)ところでその文学とは何であるか。それはいかなる意味において解釈学を産んだのであるか。

ベェク(August Boeckh)によれば、文学とは、人間の精神によって生産せられたものを、すなわち認識せられたものを、さらに認識しようとする学である。だから文学はすでに与えられた知識を前提し、それを再認識する。この点において、原始的に認識する哲学と異なっている。文学は再認識としてまた歴史的認識である。しかし一般に認識するということなしには認識せられたものを認識することはできず、また他人の認識を知ることなしには認識に直ちに達することもできない。従って文学と哲学とは相互に制約し合う。伝承せられた「文」からしてギリシア精神を再生産するのは、文学の仕事である。これに助けられて哲学は現象の本質に向かうことができる。が、また逆に文学も、哲学的認識を待たずしては、過去の認識を再生産することができない。歴史的に構成する文学が最後の目標とするところは、歴史的なるものの内に概念が現われることである。かく文学と哲学とは互いに相待つのみならず、特に「歴史の哲学」及び「哲学の歴史」において合致してしまう。歴史哲学は再認識を事とする文学がついに哲学に化したもの、哲学史は原始認識を事とする哲学がついに文学に化したものである。

文学が右のごときものであるとすれば、それは常に人間精神の表現を取り扱い、その表現の理解によって再認識を行なうのである。「解釈」の問題はこの表現の理解に関して起こって来た。理解には解釈(Hermeneutik)と批判(Kritik)との二つの契機がある。前者は対象をそれ自身において理解し、後者は多くの対象の間の関係を理解する。両者は互いに他を前提としつつ、しかもおのおの異なった働きである。しからばその解釈とは何であるか。元来 Hermeneutik の名は、神の名 Hermēs と根源を同じくする hermēneia から出ている。ヘルメースは神々と人間との間の仲介であり、神の思想を人間にあらわにする。すなわち無限なるものを有限なるものに、神的なる精神を感覚的なる現象に、翻訳する。だから彼は「分かること」(Scheidung, Besonderung) の原理を意味し、従ってまた「分からせること」(hermēneia, Verständigung) に属する一切のもの、特に言語と文学の発明者とせられる。言語文字は思想に形を与える、すなわち人の内の神的なものの無限なものを有限な形態にもたらす。それによって内なるものが分からせられるのである。これが hermēneia の本質にほかならぬ。しからばそれはローマ人が elocutio と呼ぶもの、すなわち思想の表現である。理解ではなく「理解し得るようにすること」「分かるようにすること」(Verständlichmachen) である。だからこの語の古い意義は、他人の言葉を分かるようにすること、すなわち「通訳」であった。しかし Hermeneutik においては、内なるものを外に出すという点が重大なのではなく、外に出すことによって分かるようになるという点が重大なのである。分かるようにするのが表現であるならば、表現は根源的に理解と結びついていなくてはならない。従って我々は表現の中から理解を押し出すことができる。

かくhermēneiaが表現と理解との二重の意味を担うことは、表現及び理解についてきわめて鋭い洞察を示すものである。表現がまずあって、それに対して初めて理解が行なわれるのではない。表現自身がすでに分かるようにすることである。外に出すということと理解せしめるということとは同義である。そこで言語文字による表現を捕えてその中から理解せしめられることを取り出す、それが理解である。だから理解は思想表現の意味のhermēneiaの再構成であると言われる。このような、表現における理解の自覚、それが「解釈」にほかならない。

ベェクはかかる意味の「解釈」の理論(Theorie der Hermeneutik)を作ろうとした。この理論は、文学的認識(すなわち理解)の形式的理論であって、哲学的認識の形式的理論たる論理学に対する。だからこの理論の必要なゆえんは論理学のそれと等しい。元来、正しい理解とか論理的な思惟とかというごときものは、それ自身一つの技術であって、半ば無意識的な熟練にもとづいている。論理学が見いだされる前に人は論理的に思惟したしまた理解の理論を要せずして人は日々に他人の思想を理解する。しかし認識の権能と限界とを意識しないとき哲学者がしばしば迷いに陥るように、理解の理論なくしては文学者はしばしば誤った理解に陥る。だから思惟の技術に対して思惟の論理が必要なように理解の技術に対しては理解の理論がなくてはならない。もとより理論を知ることによって技術が得られるのではない。論理学の知識が哲学者を作るのでないように理解の理論の知識が文学者を作るのではない。しかし理論の価値は、人が無意識に遂行するところを意識にもたらすという点にある。それによって技術は正しく導かれるのである。

右のごとき「理解の理論」「解釈の理論」が、批判哲学の影響の下に文学の基礎理論を作ろうとする試みであることは、一見して明らかであろう。だから彼においては理解の問題はあくまでも文学的認識の問題にとどまっている。しかし表現の問題はもっと広汎である。彼が文学的認識を歴史的認識と同視したとき、彼はすでに一層広い問題への接触を示している。そこで歴史的世界への注意が高まり来たるとともに、「理解の理論」は歴史的認識の理論として哲学の中へ導き入れられて来る。ディルタイが解釈学(Hermeneutik)と呼ぶところのものは、まさにそれである。

もとよりディルタイも、解釈学が文学の地盤から生じたという歴史的連関を無視するのではない。文学の根柢としての解釈の技術から、この技術の学としての解釈学が生まれいでた歴史は、彼自身も「解釈学の起源」(Schriften, V.)において説いている。彼によれば、解釈の技術と哲学的能力とを結合して解釈学を初めて成立せしめたのは、シュライエルマッヘルである。この哲学者の大胆な命題、——著者が己れ自身を理解していたよりも一層よく著者を理解するのが解釈学的方法の最後の目標である、ということは、ディルタイの影響を通じて、今や解釈学的方法の標語となっている。しかしこのような解釈学はいかにして哲学の方法となり得るのであろうか。

ディルタイによれば、外から感覚的に与えられた「しるし」によって内なるものを認識する過程が、理解である。それは根本的には、表現とそれにおいて表現せられたものとの関係にもとづいている。さてこの理解の種々の段階のうち、最高なるものは天才的な理解である。これが技術に化せられると「解釈」になる。持続的に固定せられた生の表出の技術的理解、それが解釈である。ところで精神生活は言語においてその十分な、客観的把捉を可能ならしめるような、表現を見いだす。だから右のごとき理解の技術は、文書の内に保存せられた人間存在の遺物の解釈をその中心とすることになる。解釈が文学の出発点であり根柢であるのはそのゆえである。従って文学は、その核心においては、個人的技術・伎倆であって、学問ではない。解釈の技術もまた文学者の個人的天才的な伎倆に属する。だから初めはただ個人的接触によって伝授せられた。しかしすべての技術は、「きまり」「かた」「のり」というごとき規則に向かって動いて行く。従って解釈の技術からもまたその規則の叙述が生まれて来る。そこで規則についての論争や、規則を根拠づける要求が、解釈学を生み出すのである。だから解釈学は、その成立の事情より見れば、文書的紀念物の解釈の技術の学にほかならぬ。それによって少なくとも言語的紀念物については、それの理解が普遍的妥当性を持つ解釈にまで高められ得るのである。

ところで右のごとき解釈学の歴史的発展が我々に示していることは、解釈の分析において一定の規則が見いだされたということである。このことは我々をより広い展望へ導いて行く。理解は単に言語的表現にのみ関するのではない。それは一般に表現と表現せられたものとの関係にもとづいている。ディルタイは生の表現として概念・判断のごとき論理的表現と、行為と、体験の表現との三大別を立てているが、特に行為や行為において固定せられた社会的形成をその表現とするところの生は、「創造する者、行為する者、己れを表現する者」としての人性(Menschheit)、すなわち「人的・社会的・歴史的現実」にほかならぬ。それは我々のいうところの人間存在である。理解はかくのごとき人間存在の表現に関する。従って理解の理論が作らるべきであるならばそれは右のごとき広汎な表現の解釈の技術の学とならねばならぬ。そこで解釈学の任務は、歴史的・社会的なる人間存在、すなわちディルタイにおいては「歴史的世界」の、生ける連関についての知識の可能性、及びその実現の手段を明らかにするにある。ディルタイはこれを歴史認識論の任務として把捉した。歴史の領域へ小説的なわがままや懐疑的な主観性が侵入するのに対抗して、解釈の普遍妥当性を理論的に根拠づけようというのである。

かくして解釈学は哲学と歴史科学との重大な結合点となり、精神科学の根拠づけの主要成分を構成する。

解釈学が哲学的方法となったのは、右のごとく哲学と歴史学との接近にもとづくのである。それはベェクが歴史の哲学や哲学の歴史について哲学と文学との渾融《こんゆう》を説いた時に、すでに予示せられていた。哲学が問うところのものの歴史性・社会性が注目せられるに従って、哲学自身が一つの hermēneia となり、その基礎理論が解釈学となるのは、きわめて順当な発展であると言われねばならぬ。

かくしてディルタイにおいては、生・表現・理解の連関において「生の範疇」を求め、創造する者、行為する者としての「生」の「作用連関」を明らかにする、ということが解釈学的方法となる。それは意識せられない生の深み、すなわち非合理的なる「生」、従って「行為者」、を把捉する唯一の方法である。ここでは理解は、非合理的なる生の「表現」の理解として、論理的思惟の把捉し得ざるものを理解する。従ってここに捉えられるのは、人間生活の静的構造ではなくして、運命的に動き行く生の動的構造である。生の解釈自身が動的解釈であるとともに、かく解釈せられる生の根本構造もまた動的なのである。人間の生をその生自身から理解するという生の哲学の方法的原理は、ここにその核心を持っていると言ってよい。

そこでディルタイの解釈学的方法は次のごとき言葉に要約せられる。「人は生から出発せねばならぬ。それは人が生を分析せねばならぬという意味ではなく、人が生をその諸形態において従うて生き(nachleben)、生に内存する帰結を内的に引き出さねばならぬという意味である。哲学は「生」を、すなわち生ける動性(Lebendigkeit)としての(生関係の)主体を、意識にまで高めかつ終わりまで考え抜くところの、一つの行動である。」(Schr. V. S. LVIII.) かかる行動はそれ自身動的なる生の解釈であり、生の解釈はただ表現を通ずる。「従うて生きる」のはさまざまの形態に表現せられた生に従うて生きるのであり、単なる観照ではなくして自覚する行動である。だから生の哲学は哲学する生であると言われる。

我々はかくのごとき解釈学的方法を我々の倫理学に学び取ろうとするのである。ところでかく態度を定めてディルタイの考えに向かうとき、我々にとって直ちに問題となるのは、ここに日常的なる生の表現と了解とが哲学的理解を媒介するものとして認められておらないことである。哲学者は自覚する行動において表現を通じて直ちに生に向かう。意識せられざる生の深みが哲学者によって直接に動的に把捉せられる。しからば哲学者の「理解」以前には、生の連関は何人にも了解せられていないのであろうか。「行為」「社会的形成」というごとき生の表現は、それ自身に了解を含むことなくして可能なのであろうか。総じて哲学的理解に先立つ実践的了解なくして「表現」というごときことが可能となるのであろうか。

ここに我々はディルタイにおける「生」の概念の不充分さを指摘せざるを得ぬ。彼はそれを人的社会的現実として把捉しながら、しかも人間存在としての意義に徹し得ないで、ともすれば個人的なる体験というごとき意義に用いている。芸術家の体験が作品に表現せられ、その表現を追体験することによって原体験が把捉せられる、というごとき芸術的観照の図式が、彼の生・表現・理解の連関の内に考え込まれているように見える。しかしながら「生」は根源的に間柄において生きていることである。それは根源的に実践的行為的な連関であって、不断に表現とその了解とにおいて発展して行く。だから生・表現・了解の連関は、理論的意識がそれに臨む以前に、すでに人間存在自身の構造として動いている。そうしてそこにおいてすでに人間存在を「こと」に化している。芸術家の体験というごときものは、いかにそれが「言うべからざる」深みを持つとしても、すでに間柄における表現と了解とにもとづいているのである。それが「言うべからざる」ものであるのは、すでに「言い得る」地盤に立ち、その限定として出て来たということにほかならぬ。このことは「生」が人間存在として、すなわち間柄における行為的連関として、把捉せられるとともに直ちに明らかになる。解釈学的方法における生・表現・理解の連関は、人間の存在の仕方の一つとしての哲学の中へ右のごとき実践的なる生・表現・了解の連関をうつし取ったものにほかならぬ。言いかえれば解釈学的方法は、人間存在における表現・了解の連関を、学的意識に高める仕方である。日常生活において現実に行なわれつつしかも自覚せられざる過程を、自覚的行動において繰り返すことである。

生が実は人間存在であることを把捉するとともに、生を生自身から理解しようとする努力はたちまち倫理学としての面目を示して来る。生の表現とは間柄としての存在の表現であり、この表現の理解はおのずから人を倫理に導く。逆に言えばあらゆる間柄の表現は、すなわち社会的な形成物は、ことごとく倫理の表現である。従って倫理学の方法は解釈学的方法たらざるを得ない。

解釈学的方法の強みは、解釈学が初め与えられた文書的遺物から出発し得たように、常に与えられた人間存在の表現から出発し得ることである。また解釈学がすでに言葉として言い現わされたことの再認識であったように、ここでもすでに日常的表現の了解において意味的連関に化せられたことの自覚だということである。かかる点においてそれは現実からの遊離、理論の世界への籠城をふせぎ得るとともに、また生を生のままに把捉するというごとき、理論的立場の廃棄をもふせぎ得ると思う。

しかしながら最も日常的な人間存在の表現から出発するということが、最も根本的な出発を要求する哲学にとって、多くの躓きを提供することもまた否み難い。現代においてこの根本性を標榜する現象学から言えば、総じて「現象」にもとづくことなしに「表現」というごときものはあり得ない。現象こそまず初めに明らかにせられていなくてはならないのである。我々はかかる主張をも顧みておかなくてはならぬ。

現象学的方法と解釈学的方法とは、いずれも「事実に即する」という要求の上に立っている。従って両者はともに、あらゆる学問的定立を離れ、一切の理論に先行して、かかる理論の根源たる生活体験、もしくは人間存在に帰って行く。しかし現象学はここにとどまらない。それはさらに日常生活の自然的態度における世界経験から、その素朴な超越有(外《そと》にものが有ること)の定立を排除し、「純粋意識」にまで還らなくてはならぬ。これが現象学の固有の領域たる「現象」なのである。この現象学的還元は、自然的態度がすでに超越有の定立というごとき観照的態度を核心とするという前提の下に行なわれる。従って自然的態度における無意識的・実践的・行為的な側面は顧みられない。現象学者は超越有の排除のみによって、一切が直観的に照らされ得る静的な観照の世界に還り得るのである。そうしてこの世界の中で「現象」の本質が志向的構造において直観せられるのである。しかし解釈学にとっては、自然的態度における日常生活そのものが、実践的行為的連関として、すでに間柄における表現・了解の動的発展である。そこでは意識せられるに先立ってすでに主体的連関があり、それが表現・了解を通じて意識に転じて行く。従って現象はすべて無自覚的に人間存在の表現として取り扱われる。前に広がっているのは「田畑」であり、昇る朝日は「拝まるべきもの」である。それらは単なる超越有として観照せられるのではない。だから超越有の排除は人間存在をもともに排除することなしには不可能であろう。従って純粋意識への還元はここでは行なわれ得ない。現象は常に人と人との間に置かれ、何らかの意味において間柄的存在を表現する。我れの意識にのみ内在するものとなることはできぬ。身ぶり、動作、言葉、家、村、田、山、川等々、外に有るとせられるものはすべてそうである。

現象学的現象と、表現を意味する現象との右のごとき相違は、「表現」と「表現せられたもの」との関係を考えるに当たって、全然異なった二つの見方として現われてくる。現象学の立場においては、表現関係もまた一つの現象であり、従って志向的構造を持たねばならぬ。表現せられたものは表現という志向作用の対象である。たとえば悲しみを表現する、喜びを表現するというごとく、表現は何物かを表現するのであり、そうして表現せられた悲しみ・喜び等々はノエーマとして意識面に露出している。しかしかく見るためには表現するという作用はノエーシスとしてあくまでも対象たり得ないものになる。しからば表現が他によって了解されるという契機は不可能とならざるを得ない。悲しみの表現が身ぶり、顔つき、声、言葉、あるいは文字として客観的に現われていればこそ、悲しみは了解され同情されるのである。表現するとは外に押し出すこと、人の間に露出させることであって、単に純粋意識の内部における作用というごときものでない。従って表現作用が我々にとって見ゆるもの触れられるものであり、「表現せられたもの」は対象化せられ得ない主体的な存在である。それ自身において己れを示さないもの(すなわち非現象)が、他者において(すなわち現象において)己れを示す、それが表現作用にほかならない。かく他者となることを通ずる道は純粋意識の内部のみでは不可能である。従って表現関係は個人意識の志向性において解くことのできない間柄的な関係と見られねばならぬ。

　しかしさらにさかのぼって考えるならば、他者において現われるという意味を持たずして果たして「現象」という概念が成り立ち得るであろうか。現われないもの隠されたものを予想せずに、いかにして「現われる」ということが言われ得るであろうか。

　ハイデッガーは現象の概念を次のように定めている。現象 phainomenon という語は本来「己れを己れ自身において示すもの」を意味する。しかしまた物は己れ自身においてそれでないものとして己れを示すことも可能であるゆえに、「かく見ゆるもの」「仮象」というごとき意味をも持つ。現象学は右の第一の意味において現象の語を用いる。従ってそれは「現われ」(Erscheinung)という意味の現象とも異なっている。「何かの現われ」としての現象は、己れ自身を示さないものが、己れ自身を示すものによって、己れを知らせること(Sichmelden)である。だから「現われ」は、一言で言えば、己れを示さないこと、すなわち現象でないことを意味する。しかもこの「現われ」が己れを示さずして己れを知らせ得るのは、己れを示せるものを媒介とするからである。従って「現われ」は「現象」を根柢とし前提とする。のみならず、「現われ」という言い現わしには、二重の意味が含まれている。己れを知らせるという意味での「現われること」(das Erscheinen)と、その「知らせるもの」(das Meldende)自身とである。さらにこの己れを知らせるところの「もの」は、本質的に決して現われることのないものが、外に輝き出たのであるとも解せられる。「単なる現われ」(blosse Erscheinung)という意味での現象がそれである。カントのいわゆる「現象」(Erscheinung)は、直観の対象をさしている限り「己れを示すもの」としての現象を意味するが、それ自身における物(Ding an sich)の現われとしては右に言うごとき「単なる現われ」にほかならない。現象の意義についてのこのような混乱を避けるためには、現象学におけるごとく、「現象」を

「己れ自身において己れを示すもの」として限定しなくてはならないのである。(Sein u. Zeit, S. 28-31.)

しかし我々はこの限定そのものに疑問を抱く。現象の語が初めより仮象の意義を持ち、またその後も主として「現われ」の意味に用いられたのは何によるであろうか。現象が初めより己れ自身を暴露せるものとして把捉せられていたのならば、何らか己れ自身を示さないものとの関係が何ゆえにここに考え込まれたのであろうか。己れ自身を知らせながらもしかも己れ自身を示さないものがあるからである。しからば己れを示さずしてしかも己れを知らせるということはいかなることであるか。ハイデッガーは現象を媒介としてのみこのことが可能であると説く。しかしながら、己れを示すもの(現象)が己れを知らせることの媒介となると言われるとき、その現象の己れは、己れを知らせるものの己れではない。たとえば身ぶりにおいては、身体やその動きなどが「己れ」であって、それらが己れ自身において己れを示している。この「現象」を通じて己れを知らせるところの「己れ」は、己れ自身を示していない主体である。従って現象を媒介とするということは、主体が己れとは別の己れであるところの身体を媒介として己れを知らせるということである。しかしかかる見方は、身ぶりによって己れを知らせるということの真相をつかんでいるとは言えない。己れを知らせるということと離れてまず身体の動きがそれ自身の己れを示すというごときことはない。己れを知らせるということが直ちに身ぶりそれ自身である。二つの「己れ」があるのではなくして、ただ一つの「己れ」が身ぶりにおいて己れを示しているのである。言いかえれば、「己れを示さざるもの」がそれにもかかわらず他者として己れを示しているのである。かくのごとく「示さずして示す」ということが「現わす」ということの意味にほかならない。だからこそ現象は、「現われ」として、「己れを示さざるもの」への関係を含意するのである。しかるに現象からこの契機を洗い去り、ただ「己れを示すもの」としてのみ現象を限定しようとするのは、全然観照の立場に立って、対象的なるものが己れを示すという側面のみを捕え、自ら動く行為の立場を顧みないがゆえであると言わねばならぬ。主体がその間柄において絶えず己れを客観化するという行為の立場に立つ限り、他者として己れを現わすことこそまさに現象である。カントの用法は決して混乱を示しているのではない。

しかしハイデッガーはこの困難をまぬがれるために、「己れを示すもの」としての現象に、次のごとく彼独特の解釈を与えている。現象とはある物の向かい来る仕方(Begegnisart)である。己れを己れ自身において「示すこと」である。すなわち現象は「こと」であって「もの」ではない。この区別を知らずして単純に「己れを示すもの」を、すなわちカントの意味における直観の対象を、現象と呼ぶのは、通俗的な現象概念であって現象学的な現象概念ではない。現象学的な「現象」は、カントの問題に移せば、「直観の形式」に当たる。従って通俗的意味の現象は「有るところのもの」であり、現象学的な現象はかかるものの「有」である。現象学は、「己れ自身を示すものを、それが己れ自身から己れを示す仕方において、それ自身から見させること」にほかならぬ。すなわちその「もの」を見させるのではなくして、ただその己れを「示す仕方」を見させるのである。従ってそれは、手近に普通に己れを示すもの(すなわち有るところのもの)の、意味や根柢でありながら、しかも普通には己れを示さず、隠されていること(すなわち有)である、と言われる。そうしてこの「隠されていること」がまさに「現象」である。「現象学的の現象概念は、己れを示すものとして、有るものの「有」、その意味、その諸様態、及びそこから導出せられたこと、などを意味している。……有るものの「有」は、その背後に現われないある物が立っているようなものでは決してあり得ぬ。現象学の現象の背後には本質的に何ら他の物は立っておらぬ。がしかし、現象たるべきものは隠されてあることはできる。そうして現象が普通には与えられておらない、というまさにその理由で、現象学が必要なのである。」(Sein u. Zeit, S. 35f.) かくして現象学は、日常性から出発しつつも日常的には隠されている領域に入り込む。現象はただ現象学にとってのみ己れを示しているのであって、日常生活には己れを示さない。日常的に普通に己れを示しているのは、有るところのもの、すなわち通俗的な意味の現象である。

しかしここまで来れば我々は何ゆえに現象学的現象が固執されねばならぬかを怪しまざるを得ない。そこには「隠されたる現象」(有)と、日常的にあらわな現象(有る物)とが、区別せられる。「有」と「有る物」との区別を有論的差別として重大視するハイデッガーの立場から言えば、「有る物」は「有」に対して他者である。「有」はこの他者において己れを現わしている。そこでこの他者が「有」への手引きになる。しからば「有る物」は、己れを示さざる「有」が、しかもそれにおいて己れを示すところのもの、にほかならぬであろう。これはまさしく表現を意味するところの現象である。それにおいて表現せられる「隠された現象」というごときものは、現象の名を捨てなくてはならぬ。

かく見ればハイデッガーがその現象学を解釈学的現象学とする動機が理解し得られるとともに、またそれが現象学を脱して解釈学となるべき必要も洞見し得られるであろう。解釈学的現象学であるゆえんは、「隠されたる現象」が通俗的現象を介して解釈し出されねばならぬからである。しかし「隠されたる現象」が現象の名にふさわないならば、右のごとき解釈学的方法もまた現象学の名にふさわない。隠されたる現象とは実は有る物の有であり、そうしてこの有は根源的には人の存在であるとせられる。従ってここでは人の存在が通俗的現象(すなわち有る物)から解釈し出されるのである。解釈学的方法は本来表現を通じて理解する道であるが、ここではまさに「有るところの物」がその表現の位置を占めている。「有るもの」がすでに「有ること」を表現しているがゆえに、それを手引きとして有を把捉し、その地盤としての存在にまでさかのぼって行く。これまさに解釈学的な存在の学である。ここに通俗的現象が人の存在の表現として把捉せられず、あくまでも「有るところの物」として取り扱われるのは、ただ有の問題が前提であるからにほかならない。しかし有の問題を前提として、日常的に最も手近なものをさえもすでにこの視点からつかむということは、ミッシュも指摘しているように、日常的な事実自身から出発することではない。ハイデッガー自身も、「有るところの物」を、「最も手近に普通に己れを示せるもの」として認めている。しからばこれを「現象」として取り扱い、そこに現われている人の存在にさかのぼるという解釈学的方法が、彼自身としても率直なやり方ではなかったであろうか。

しかしこのような現象学からの脱却は、現象を純粋意識の事実とせずして、人と人との間において見いだされるものとすることによってのみ達せられる。従ってそこからさかのぼって行く存在も、単なる人の存在ではなくして人間の存在であり、そこに分析せられるさまざまの存在の仕方も、単に我れのみの宿業的離脱的な有り方ではなくして間柄のさまざまな作り方である。そこで人間存在の分析は、有論と現象学とから離れて、まっすぐに倫理を目ざして行くものになる。

かく見定めてさて振りかえってハイデッガーの現象学的方法*を見るならば、我々はそこから学び取るべき多くのものを見いだし得ると思う。我々は彼が現象学を引きのばして行ったちょうどその点に立脚して現象学から離脱することができる。その鍵は「有る物」を「表現」に、「有」を「人間存在」に転ずることである。

＊ Grundprobleme der Phänomenologie（一九二七年夏学期講義）による。

彼によれば現象学的方法の第一は現象学的還元である。ところでこの還元は彼において著しく解釈し直されている。彼にとっては現象とは「有」である。今やこの「有」が問われる。しかし有は必ず「有る物」の有であるがゆえに、ただある「有る物」から出発することによってのみ、接近し得られる。この際、把捉的・現象学的注視は、「有る物」へも同時に向かいつつ、しかもそこでこの「有る物」の「有」がきわ立ち、そうして問題化せられるようにするのである。すなわち、有の把捉は、まず必然に「有る物」に向かい、次に一定の仕方でそこから去り、その「有」へ還って行く。これが現象学的還元である。かかる還元の方法によってのみ「事実に迫る」ということが実現せられる。

還元の方法を右のごとく考えなおすことは、我々をしてさらに一歩を進めしめる。現象とは「有」ではなくして「有る物」であり、さらに人間存在の表現である。今や人間の存在が問われる。従って現象が問われるのではない。主体的な人間の存在はただその表現において(すなわち現象において)のみ接近し得られるがゆえに、我々はまず表現を捕え、その解釈によって存在を理解せねばならない。人間存在の表現はすでにその了解に充たされている。だからその了解の自覚によって理解が得られる。その理解の道は表現からして表現せられた人間の存在へ還って行くのである。それは人間存在への解釈学的還元と呼ばれてもよいであろう。

さて現象学的方法の第二は現象学的構成であるとせられる。第一の方法によって注視を元へ還すのみでは、消極的であって十分でない。さらに積極的に「有」まで連れて行かなくてはならない。すなわち「指導」が必要である。「有」は「有る物」のごとくすぐに手の届くものではない。それは日常的な堕在から自己を解放することによって、すなわち自由な宿業離脱によって、初めて見え出すものである。かく所与の「有る物」をその「有」及び「有の構造」の方へ離脱せしめることが、現象学的構成なのである。

このような構成が現象学的であるのは、有が現象であるからにほかならない。しかるにその現象は日常性の離脱によって初めて見え出すのである。現象を見得るためにはまず現象学的な構成を待たねばならない。しかし我々は直接の所与を現象とする。それは表現であるがゆえにすでに日常的に了解せられている。ただそれは実践的行為的連関の契機として、理論的に無自覚である。解釈学的方法はこの過程を自覚的に繰り返さねばならない。この自覚的な繰り返しの行動は、哲学的行動として、直接の実践的関心から離脱しなくてはならぬ。しかもこの離脱の立場において自由にその繰り返すべき実践的連関を自ら生き得ねばならない。かくして人間存在の表現と了解とが、理論的な理解に化せられ、人間存在の動的構造が自覚せられた意味連関になる。これを我々は解釈学的構成と呼んでよいであろう。

最後に現象学的方法の第三は現象学的破壊である。有の離脱は有る物から有への還帰によって行なわれる。すなわち出発点は「有る物」である。従ってこの出発は有る物の事実的な経験によって、またその経験の可能範囲によって、限定せられている。しかるにこれらのことは事実的な「人」に、すなわち哲学研究の歴史的情勢に、属することである。有る物はあらゆる時代にいかなる人に対しても同じ仕方で接近せられるというわけではない。人の存在は歴史的であり、従ってその歴史的情勢に沿うて有る物の接近可能性や解釈の仕方が異なりもすれば変化もする。哲学史がそれを実証している。いかに根本的に新しく始めようとしても、伝承的な概念や視圏の浸透は防げるものではない。そこで真に根源的であるためには、有の還元的構成の上に「破壊」が加わらなくてはならぬ。破壊とは、どうしても用いなくてはならない伝承的概念を、その作られた源泉に返し、批判的に掘り起こすことである。すなわち伝統の発掘である。これは伝統を無用のものとして否定するのではなく、それを積極的に己れのものとすることを意味する。かかる意味において構成は破壊によって行なわれ、破壊は構成となる。従って哲学的認識は本質的には歴史的認識である。両者は本来一つである。

ここまで来ると我々はこの破壊が何ゆえに現象学的と呼ばれるかを理解することができぬ。ここに破壊と言われるのはまさに解釈学的方法の核心である。伝統を発掘してその源泉たる人間存在に達すること、そうしてそこに含まれたる根源的な了解を自覚的な理解に持ち来たすこと、それがまさに解釈学的な構成である。しかも伝統とは「表現」以外の何者でもない。ハイデッガーはここであたかもベェクの言葉を繰り返すかのように、哲学的認識と歴史的認識との本質的同一を説いている。それは現象学と調和し得るものではない。ここに説かれる破壊は特に顕著に、解釈学的破壊でなくてはならぬ。

かく見れば還元・構成・破壊の方法は解釈学的にこそ真義を発揮し得るものである。「有る物」からの出発が歴史的に制約せられる。「有る物」自身も歴史的に限定せられている。それは「表現」であって単に有るものではない。かかる表現から還元せられる「有」は有論の「有」でも現象学の「現象」でもなくしてまさに人間存在である。表現を媒介として人間存在を理解にもたらす仕方は、右のごとき還元・構成・破壊の連関において最も有効に遂行せられるであろう。

以上によって我々は、表現というごときものよりもさらに根本的に現象を明らかにすべきであるとする立場が、結局、表現を媒介とする解釈学的方法に発展しなくてはならない、ということを明らかにしたのである。それによって我々は、この節の前半において明らかにせられた解釈学的方法を一層確実に立て得るとともに、また還元・構成・破壊というごとき仕方によって一層具体的になし得たかと思う。第一章において人間の学としての倫理学の意義を明らかにした仕方は、すでにほぼこれに従ったのである。

［解説］日本倫理学の方法論的序章

子安宣邦

一　昭和初期日本の学術的形成

昭和九(一九三四)年に岩波全書の一冊として刊行された『人間の学としての倫理学』は、和辻哲郎(一八八九―一九六〇)の最初の倫理学的著作であり、やがて刊行される主著『倫理学』(上・昭和一二年刊)の方法論的な序章、あるいは入門的手引きと一般に見られてきた。たしかに和辻倫理学と呼ばれる学の体系的記述は、この『人間の学としての倫理学』を方法論的序論とし、これをふまえてなされていった。だが『人間の学としての倫理学』という書には、『倫理学』の序論的な意味をこえ出たものがある。この書は昭和初期日本の学術的志向とその形成とを、その作業の内側から、高いレベルで見事に伝える貴重な証言でもあるのだ。その意味でこれは昭和の学術的古典なのである。

第一次大戦後、一九二〇年から三〇年代にかけての時期、すなわち大正末年から昭和初年という時期は、京都学派的ないい方をもってすれば「世界史的」日本の成立期であった。日本が国際的に世界の大国の一つの位置を占めていった時期である。アジアの一国として先進国化した日本は、世界秩序の政治的・経済的な再編成に向けてのアジアにおける不気味な蠢動の起因としてあった。やがてそれは満洲事変(昭和六年)という現実的な事件として姿を現してくるのである。私がここで昭和世界史というべき現代史の過程を回顧するのは、昭和初期日本に成立する学術・思想の性格なり位相なりを再確認するためでもある。日本は学術的にもこの時期、すでに欧米先進国の翻訳的追随者という境位を抜け出ていると見るべきだろう。それは学術的達成についていおうとしているのではない。政治的日本と同様に学術的日本も、欧米先進国とすでに同時代的な諸問題を共有し、日本なりの独自性をもってアプローチする境位にあったといいたいのである。たとえば近代政治学は、当該国家社会のそれなりの成熟がなければ成立しないはずである。一九三〇年代の昭和日本とは、政治学だけではない、民族学や社会学、倫理学や宗教学などなどの日本人による自前の近代的学術が成立していく時期なのである。同時にそこにはヨーロッパへの対抗と、日本の自己認識の契機が孕まれている。学術的自己形成の基盤としての東洋や日本が再発見され、再認識されていくのである。日本人による自前の民族学の成立は、同時に「日本民族」概念の成立でもある。この「日本民族」概念を前提にして、日本精神史も日本思想史も昭和の学術的言説として成立することになるのだ。

『人間の学としての倫理学』は、和辻によって形成される日本倫理学の序章として、この昭和日本の学術形成作業の内側を、方法論的な高いレベルで見事に私たちに見せてくれるのである。彼がハイデッガー(一八八九―一九七六)など同時代ヨーロッパの学者たちと問題意識や方法論を共有しながら、いかにヨーロッパ倫理学《エシックス》を日本倫理学へと解体的に再構成していくかを具さに示しているのである。

二　『人間の学としての倫理学』の成立

早く『ニイチェ研究』(大正二年)を著し、『古寺巡礼』(大正八年)や『日本古代文化』(大正九年)などの文化史的著述をもすでに成していた和辻が西田幾多郎に招かれて、京都帝国大学の倫理学担当の助教授として赴任したのは大正一四(一九二五)年、三十六歳の時であった。和辻はその後、昭和二(一九二七)年にドイツに留学し、翌年の三か月をイタリアで過ごすが、病をえて予定より早めに帰国する。ドイツ滞在時に和辻はハイデッガーの『存在と時間』(一九二七年発表)を知る。ハイデッガーのこの書は和辻における倫理学の成立に重要な方法論的な示唆を与えることになる。和辻のヨーロッパへの留学は、学術的にはハイデッガーのこの書によるヨーロッパの哲学界への登場を現地的体験としてもったことに尽きるともいえるが、文化史的・文化学的考察者和辻にとってこの留学は大きな意味をもっていた。

横浜から上海を経て南下し、インド洋のモンスーン地帯を過ぎ、アラビア半島の砂漠乾燥地帯を望みながら、やがて地中海に入り、マルセイユにいたる長路の船旅は和辻を文化類型論的な観察者にしていく。留学の目的地であるヨーロッパもまた和辻による文化類型論的観察の対象であることを免れない。和辻は実際には観察する旅行者としてヨーロッパにいくのであって、留学生としてではないのだ。その旅行者がその旅の過程の諸地域とともに旅の目的地であるヨーロッパの文化類型をも構想してしまうのである。ここに見るのは歴史的なパロディーである。アジアとはもともとヨーロッパからの旅行者《オリエンタリスト》の観察対象であった。ヨーロッパとの対比からアジアの文化類型が構成され、社会類型が構成され、そして生産様式が特定されたのである。だが一九三〇年代にあっては、極東の日本からの旅行者がその旅行体験を通じてヨーロッパの文化類型を構成してしまうのだ。この日本からの旅行者はヨーロッパの文献学的な東洋学者と同様に、中国・インドからギリシャ・ローマにいたる古典的世界の知識、ヨーロッパのヘレニズム・ヘブライズムという思想伝統にかかわる知識・教養を十分に具えているのである。和辻とはそのような旅行者であった。この文化類型の観察的旅行者和辻によって、『人間の学としての倫理学』の姉妹編というべき『風土——人間学的考察』(昭和一〇年刊)がもたらされるのである。『風土』は「人間学的考察」という副題が示す通り、和辻における倫理学の人間学的再構成の上で重要な意味をもっている。それとは別に『風土』は、昭和初年の日本にヨーロッパを文化的にも一地域として対象化する見方がすでに成立していることを教えている。高山岩男らいわゆる京都学派の「世界史的立場」とは、既存の世界史を特殊ヨーロッパ世界史と規定する、アジアからなされた世界史書き直しの要求であった。この高山らに先駆する形で和辻はヨーロッパを文化的に相対化する視点をすでに提示している。

昭和六(一九三一)年、京都大学の倫理学教授藤井健治郎の死去にともない、和辻が倫理学担当の教授に昇任する。その三年後、昭和九年(一九三四)七月、和辻は東京帝国大学の倫理学教授に任ぜられるのである。それに先立つ同年三月に『人間の学としての倫理学』が岩波書店から刊行される。この書の出版は、東京帝国大学の倫理学教授としての和辻のデビューを華々しく飾るものであったといわれる。だがこの書の出版が飾ったのは、和辻による日本倫理学の形成であったというべきだろう。

三　「倫理とは何であるか」

『人間の学としての倫理学』の冒頭(第一章第一節)で和辻は倫理学とは何であるかを問

いながら、「倫理学は「倫理とは何であるか」という問いである」といっている。さらに和辻は、「出発点において我々はただ「倫理とは何であるか」という問いの前に立っている」ともいっている。和辻はここでいかにも自明なことをいっているように聞こえる。だがそうだろうか。本書の後の章(第一章第六節)でアリストテレスにおけるEthicaとPoliticaとの別と相互的関係を問いながら和辻は、「Ethicaは人にとっての善(よきこと)がいかにして実現せられるかを問う」ことだといっている。たしかにヨーロッパに成立する倫理学《エシックス》とは、人にとっての善(よきこと)とは何かを問うのであって、倫理とは何かを問うものではない。とすれば、和辻が「倫理学は「倫理とは何であるか」という問いである」というとき、彼は「倫理とは何であるか」を明らかにする倫理の学を問うているのであって、「人にとっての善とは何か」を明らかにする倫理学《エシックス》を問うているのではないことになるだろう。

「倫理とは何であるか」を第一の本質的な問いとすることによって、和辻はいま「倫理」を問う倫理学を、「人にとっての善」を問う倫理学《エシックス》に代わって成立させようとしているのである。では「倫理」とは何か。本書第一章の第一節は「「倫理」という言葉の意味」となっている。「倫理」への問いに和辻はその言葉の意味をもって答えていくのだろうか。和辻はここで倫理学の方法論にもかかわる重要なことをいっている。「倫理とは何であるか」という問いは何を意味するのか。「この問いが言葉によって表現せられ、我々に共通の問いとして論議せられ得るということが、出発点においては唯一の確実なことである」といった上で和辻はこういうのである。

我々は倫理という言葉によって表現せられたことの意味を問うている。そうしてその言葉は我々が作り出したものでもなければまた倫理学という学問の必要によって生じたものでもない。それは一般の言語と同じく歴史的・社会的なる生の表現としてすでに我々の問いに先だち客観的に存しているのである。（一〇頁）

「倫理」という言葉を、その言葉を使ってきた人びとの歴史的・社会的な生の表現として見るべきことを和辻はいうのである。「倫理」という言葉の意味を、その言葉を使ってきた人びとの生存のあり方として明らかにしようというのである。ここには人の言葉を、その言葉を使用する人びとの生の表現とする理解が前提されている。この理解を前提にして、ある言語表現による歴史的・社会的な生の解釈が可能になるのである。ここで和辻は、ディルタイ（一八三三―一九一一）によって展開された歴史解釈学の方法を「倫理」という言葉に適用しているのである。二〇世紀前期ヨーロッパの精神科学の形成に大きく方法論的に寄与したディルタイの解釈学が、いま和辻によって「倫理」という言葉の解釈に適用され、二〇世紀日本の倫理学を成立させようとしているのである。「倫理」という言葉をめぐる本書第一章第一節は、昭和初期日本における自前の学術形成のあり方を集約して示している。

「倫理とは何であるか」という問いは、和辻がいうように、倫理学そのものの問いである。倫理学とは和辻において、「倫理とは何であるか」を明らかにする学問である。ではもし「倫理とは何であるか」が「倫理」という言葉の意味として明らかにされるならば、「倫理」という言葉をめぐる解釈学は、倫理学のもっとも本質的な部分を語り出すことになるだろう。事実その通りなのである。本書第一章の「倫理」という言葉の意味をめぐる第一節によって、倫理学が問う「倫理」の意義は、「倫理とは人間共同態の存在根柢として、種々の共同態に実現せられるものである」(一七頁)とすでに早く明らかにされてしまう。そして「人間」という言葉の意味を問う第二節、「世間」とそして「存在」という言葉の意味を明らかにする第三節・第四節を経て、上の「倫理」概念は人間学的な倫理学的概念として整えられていくのである。それゆえ「倫理」「人間」「世間」「存在」という言葉の意味を明らかにする四つの節に続く第五節で和辻はすでに、「人間の学としての倫理学の構想」を語ることになるのだ。「倫理」という言葉の意味を明らかにすることによって、倫理学はすでにできている。「倫理」の解釈学が、倫理学そのものを導くのである。たしかに「人間の学としての倫理学の方法」とは「解釈学的方法」であると和辻は本書の最終節でいっている（第二章第一六節）。

四　「倫理」という言葉

「倫理」という言葉の解釈学は、その言葉を使用する人びとの生存のあり方においてその意味を読み解こうとする。その際、「倫理」という言葉は人びとに使用されていなければならず、それを使用する人びとの生の刻印を負って存在しなければならない。それゆえ「倫理」の語の解釈にあたって和辻はいうのである。「倫理という言葉はシナ人が作って我々に伝えたものであり、そうしてその言葉としての活力は我々の間に依然として生き残っているのである」（一〇頁）と。たしかに「倫理」は漢語である。だがこの漢語「倫理」は、昭和の時代にいたるまでずっと活力をもって生きつづけた言葉であるのだろうか。しかし「倫理」という語の儒家経典中の用例としては、和辻も引いている『礼記』中の例がわずかにあげられるにすぎない。「凡そ音は人の心に生ずる者なり。楽は倫理を通ずる者なり」（楽記）という例である。「人倫の道」は、「人倫」「五倫」の語をもっていわれるのであって、「倫理」をもってその意とするのは後世のこと、あるいは明治にいたってだというべきかもしれないのだ。「倫理学」は、Ethics の翻訳語として井上哲次郎らによって作られた語彙である(『哲学字彙』一八八一)。この翻訳語「倫理学」とともに、「倫理」もまた「物理」や「心理」「法理」「地理」などと同様に新漢語として流通していったのが実際だろう。明治にまず流通していったのは「倫理《エシックス》」であった。この「倫理《エシックス》」に対抗するようにして、あらためて「倫理《りんり》」が「人倫の道」という儒家概念として再構成されていったのだろう。*

明治後期から大正にかけて、和辻における学問の形成過程に存在していたのは「倫理《エシックス》」であり「倫理《りんり》」であるという両義的な漢語「倫理」であったのである。ちなみにこの「倫理」の語がもつ両義性は現在でも変わっていない。では和辻がした「倫理」という言葉をめぐる解釈学とは何であったのか。「倫」とは「仲間」であり、したがって「倫理」とは人間という共同存在(人倫)をあらしめる理法であるという和辻の理解は、語義の解釈学であっても、ディルタイのいう歴史解釈学ではない。だが和辻は「倫理」という言葉の歴史解釈学をあえて装う。それは、「倫理《エシックス》」に対する「倫理《りんり》」概念の再構成を、東洋の歴史的な人間の生の地盤からなそうとしたからである。「倫理」概念の再構成とは、「倫理学」の再構成である。かれが「倫理学《エシックス》」に対して再構成しようとする「倫理学」とは「倫理とは何であるか」を本質的な問いとする学であるのだ。和辻はこうしてヨーロッパ倫理学史の批判的な再読を通じて「倫理学」再構成の道すじを見きわめようとするのである。和辻がヨーロッパ倫理学史をどう再読したかを見る前に、和辻の「人間」という言葉の解釈について触れておきたい。

「人間」とはもともと「人の世の中」「世間」を意味したと和辻はいう。たしかに和辻も引くように『言海』(大槻文彦、一八八九—九一刊)にも、「人間」とは、「(一)よのなか、世間。(二)仏経に六界の一、即ち此の世界、人間界、人界。(三)俗に誤て人《ひと》」と説明されている。もともと「世の中」「世間」「人界」を意味する漢語「人間《じんかん》」を、日本人は「ひと」をも意味する「人間《にんげん》」として誤って使ってきたのである。しかしこの誤解には重大な意味があると和辻はいうのである。この誤りはかえって「世の中」を意味する「人間」という言葉が、単に「人」の意にも解せられるということを実証するものだと和辻はいう。そこから彼は、「人が人間関係においてのみ初めて人であり、従って人としてはすでにその全体性を、すなわち人間関係を現わしている」(一九頁)と、個別と全体との二重の契機をもちながら、全体性を基底にして初めて存立する人間という存在の構造を見出していくのである。和辻における「人間」という言葉の解釈学は、いま再構成されようとする「倫理学」を「人間の学」として性格づけていく上で決定的な意味をもっている。

＊　明治における「倫理」概念の成立をめぐっては、私の「翻訳語としての近代漢語――「倫理」概念の成立とその行方」（『漢字論』所収、岩波書店、二〇〇三）を参照されたい。

五　ヘーゲルと『人倫の体系』

「我々の倫理学の概念は果たして Ethics と相覆うものであろうか」（五二頁）と問いながら、和辻はアリストテレスにさかのぼって西洋倫理学史における代表的な倫理学的な言説を読み直していく。だがここでなされるのは、和辻における「人間の学としての倫理学」の再構成という学的志向にしたがった読み直しである。それゆえここにあるのは倫理学《エシックス》という個人的倫理学＊の形成過程の追跡ではない。むしろ倫理学が倫理学《エシックス》になることによって失っていった、本来の人間学的志向の追跡である。アリストテレスに確認されるのは、エティカとポリティカとの統一としてあったポリス的人間の学（politikē）の立場である。カントにおいても和辻は、その道徳学が「人の全体的規定の学」としてのもっとも根源的なアントロポロギーであることを確認するのである。同時に和辻はカントが実践哲学を個別的な人格とその意志にかかわる「主観的道徳意識の学」として展開させたことをも批判的に確認するのである。

＊　イギリスの倫理学者シジウィック（一八三八―一九〇〇）は「倫理学の方法」を「個々人が何

をなさねばならないか、あるいは彼らにとって何が正しいかを決定するための何らかの合理的な手続き」（『倫理学の方法』）であると規定している。

カントからコーヘンを経てヘーゲルにいたると和辻の批判的読み直しの調子は一変する。一九世紀に入るとカント哲学に見るプロテスタントの精神へのあらわな反抗が起こってくる。ロマン主義の登場である。「浪曼主義者は再び有機的全体性への眼を開いてくる」（一〇三頁）と書く和辻は、ヘーゲルの思惟と哲学的関心のなかに生ける全体性が復活することを、自らロマン主義的な筆致をもってのべていくのである。

アリストテレスの全体主義的な立場は旺然としてヘーゲルの内によみがえって来る。生ける全体性はまさに人倫的な実体である。が、この実体はまさに主体であり、しかも実践的な主体であって、……今やあらゆる客観的な姿に己れを表現するところの人倫的実体として、充実せる規定を含んだ具体者となるのである。（一〇五頁）

ギリシャのポリス的共同体における全体性の理念が、カントにおける抽象的な道徳性の立場の批判的克服として、ヘーゲルの人倫の哲学のうちによみがえることを知る和辻は、ヘーゲルのイェーナ期における『精神現象学』（一八〇七年刊）に先立つ著作『人倫の体系』（一八〇二・三年成立）の解読に全力をあげるのである。ヘーゲルにおけるロマン主義的転回を、いま和辻は己れの倫理学的構想において追体験するかのように。本書第一章の第九節「ヘーゲルの人倫の学」は、『人倫の体系』の詳細な解説というか、己れにおける受容的な解読の記述である。それはアリストテレスからカントを経てコーヘンにいたるそれまでの記述と大きく相違する。和辻は道徳性（Moralität）という個人的道徳意識に対するヘーゲルの「人倫」（Sittlichkeit）概念と全体性の立場によって、「生ける全体性」の倫理学を昭和の日本に成立させることを考えているのである。和辻の人倫態の倫理学（『倫理学』中・昭和一七年）は、ヘーゲルとともにするロマン主義的転回を経て成立するのである。

和辻がいま直面しているのは、家族や血縁・地縁集団、社会組織、そして民族など、人間の具体的、現実的な共同存在のあり方を、まさに「生ける全体性」の諸相をその考察の中にもった倫理学の構成である。具体的な人倫的組織を、「人倫」が自らを実現していく過程としてとらえ、その組織における人間の差別的・無差別的統一といった存在構造を明らかにしていくヘーゲルの『人倫の体系』は、人間的共同存在の態様、あるいは人倫的組織をめぐる学としての倫理学の可能性を和辻に大きく開くものであった。後の『倫理学』の第三章「人倫的組織」（『倫理学』中）はここから成立してくる。それは和辻の倫理学の体系においてもっとも豊かな内容をなす章である。

だがこの倫理学は、人倫態を構成し、展開させる人間存在の主体的運動を根柢付ける論理をどのようにとらえるのか。それはこの人倫態的運動を倫理学が記述する論理でもあるだろう。ヘーゲルにおいてそれは、「絶対的全体性」である「人倫」が自らを実現し、自らに還帰する道すじであった。『人倫の体系』ではそれは、自然的人倫から否定的人倫を経て絶対的人倫に達する人倫の諸段階として記述された。ヘーゲルはそれら人倫における「人間の存在構造を思惟の弁証法的発展として映し取り、抽象的普遍より特殊を通じて具体的普遍に到達する道程として把捉した」(一〇七頁)のである。和辻がいま問おうとしているのは、さまざまな人倫態が人間の共同存在的構造をもって成立し、展開する運動を、それ自体の根柢からとらえる論理はないか、ということである。和辻は『人倫の体系』以降のヘーゲルにおける精神哲学的展開を見た上で、あらためてこの著述の重要性に触れ、「人倫の哲学は、絶対的全体性を「空」とするところの人間の哲学としても発展し得る」(一五一頁)可能性のあることをいうのである。ヘーゲルの「人倫の哲学」は東洋的論理「空」を根柢にすることで、新たな「人間の哲学」としてよみがえることができるというのである。それはすでに本書第一章の「人間の学としての倫理学の構想」をのべた第五節で和辻が、「運動の生起する地盤は絶対空である」(四九頁)といっていた絶対的否定性の論理である。* ヘーゲルの「人倫の体系」はいま東洋的論理「空」の地盤の上に移されて、人間学的な倫理学として再構成されようとするのである。ちなみに第一章最後の第一一節「マルクスの人間存在」の末尾に和辻は次のような一文を置いている。

「人倫の体系」において残された最大の問題は、人倫の絶対的全体性の問題であった。それは有の立場においては解かれ得ない。その解決に対して我々に最もよき指針を与えるものは、無の場所において「我れと汝」を説く最近の西田哲学であろう。（一八〇頁）

本書『人間の学としての倫理学』が「西田幾多郎先生にささぐ」の献辞をもっているのは、ゆえなしとしない。

＊ 和辻の『倫理学』上の第一章第五節「人間存在の根本理法（倫理学の根本原理）」はこの人間存在の根本理法であり、倫理学の根本原理である論理を「絶対的否定性が否定を通じて自己に還る運動」と規定している。

六　倫理学の方法

現代のヘーゲル研究者によって必ずしも肯定的に評価されない『人倫の体系』の積極的な解読を通じて和辻は、人間の共同存在をめぐる己れの倫理学を方向付けた。和辻によるヨーロッパ倫理学史の批判的読み直しは、ヘーゲル以降、ヘーゲル批判派のフォイエルバハとマルクスに移っていく。ヘーゲルの『人倫の体系』によって人間学的倫理学を再構成する和辻にとって、ヘーゲル批判を通じて人間学を成立させたフォイエルバハと、「社会関係の総体」としての人間存在への視点を成立させたマルクスとは欠かすことのできない再検討の対象であった。同時に本書第一章が「フォイエルバハの人間学」と「マルクスの人間存在」の両節をもつことは、本書がいかに一九三〇年代の同時代的な思想関心と現代的意欲とをもって書かれたものであるかをはっきりと示している。そのことは本書第二章「人間の学としての倫理学の方法」が、ハイデッガーの有論(存在論)との対話を通じて己れの人間存在論の立場を確立していくことに、さらにディルタイの人間の生の表現による解釈学を倫理学の方法として再構成することにいっそう明らかである。ことにハイデッガーの有論との対話の中で展開される、欧米語の賓辞sein(be)が、日本語では「である」と「がある」となることをめぐる議論は、和辻の豊かな言語感と鮮やかな分析力を十分に示している。和辻はこの議論を通じて「人がある」ことの根源性を導き、彼の人間存在論を基礎付けていくのである。この和辻の議論の妙味は、直接本書によって味読されることを願って、この「解説」の最後に倫理学の方法としての解釈学をめぐってのべておきたい。

和辻はまず人間の言葉や習慣などからなる社会的生活を、人間の生の、あるいは生存の仕方の表現として見ることをいうのである。たとえば「お寒うございます」という挨拶には、冬の季節の日本人の生活における相互理解のあり方が表現されている。人びとの生活における自己理解・相互理解のあり方は、日常の衣食住のあり方、たとえば住まい方に表現されていると見ることができる。人の社会生活のあり方を表現と見ることによって、その表現を通路とした人の生存の仕方への理解が可能になるのである。和辻はこの日常的な表現を通路とした理解を、倫理学の方法としての解釈学とするのである。「だから我々は日常的な表現と了解を通じて人間存在の構造、従って実践的行為的な連関の仕方を見いだし得ると考える」(二二七頁)と和辻はいう。さらに和辻は、人の生の表現の理解は「おのずから人を倫理に導く」ともいうのである。

生の表現とは間柄としての存在の表現であり、この表現の理解はおのずから人を倫理に導く。逆に言えばあらゆる間柄の表現は、すなわち社会的な形成物は、ことごとく倫理の表現である。従って倫理学の方法は解釈学的方法たらざるを得ない。（二四四頁）

この人間的生の表現の解釈学を方法とした和辻の倫理学は、やがて『倫理学』中巻の人間共同態の諸相をめぐる内容豊かな倫理学的理解の記述をもたらすことになる。人間の社会的生活の表現形態を手がかりとした倫理学が社会学に近接することをすでに和辻はいっていた（二三二頁）。たしかに『倫理学』中巻は人間の社会的表現形態による人間の存在構造の倫理学的な解明にあたって和辻は、同時代ヨーロッパの社会学や民族学の成果をふんだんに利用する。和辻の『倫理学』中巻は、あたかも昭和前期日本における人文学のもっとも先端的な形成であったかのごとき様相を呈するのである。『人間の学としての倫理学』は『倫理学』のこのような成立を告げるように、一九三〇年代日本の学術的志向とその形成作業の内側をあますことなく、見事な記述で見せてくれるのだ。

〔編集付記〕

一、本書の底本には『人間の学としての倫理学』(岩波全書、一九三四年第一刷発行、二〇〇五年第七七刷)を用い、『和辻哲郎全集』第九巻(一九六二年、岩波書店)を適宜参照した。

索　　引

・以下の項目について，本文に出てくる頁数を索引に示す．項目は底本に準ずる．欧語は末尾にまとめる．
・当該語句にかかわる表記が2頁に及ぶときは「f.」，3頁以上の場合は「ff.」で表記する．

ア 行

カ 行

サ 行

タ　行

ナ　行

ハ　行

マ 行

人間《にんげん》の学《がく》としての倫理学《りんりがく》

2007 年 6 月 15 日　第 1 刷発行
2024 年 7 月 16 日　第 15 刷発行

著　者　和辻哲郎《わつじてつろう》

発行者　坂本政謙

発行所　株式会社 岩波書店
〒101-8002 東京都千代田区一ツ橋 2-5-5

案内 03-5210-4000　営業部 03-5210-4111
文庫編集部 03-5210-4051
https://www.iwanami.co.jp/

印刷・精興社　製本・中永製本

ISBN 978-4-00-381104-7　　Printed in Japan

読書子に寄す

——岩波文庫発刊に際して——

岩波茂雄

真理は万人によって求められることを自ら欲し、芸術は万人によって愛されることを自ら望む。かつては民を愚昧ならしめるために学芸が最も狭き堂宇に閉鎖されたことがあった。今や知識と美とを特権階級の独占より奪い返すことはつねに進取的なる民衆の切実なる要求である。岩波文庫はこの要求に応じそれに励まされて生まれた。それは生命ある不朽の書を少数者の書斎と研究室とより解放して街頭にくまなく立たしめ民衆に伍せしめるであろう。近時大量生産予約出版の流行を見る。その広告宣伝の狂態はしばらくおくも、後代にのこすと誇称する全集がその編集に万全の用意をなしたるか。千古の典籍の翻訳企図に敬虔の態度を欠かざりしか。さらに分売を許さず読者を繋縛して数十冊を強うるがごとき、はたしてその揚言する学芸解放のゆえんなりや。吾人は天下の名士の声に和してこれを推挙するに躊躇するものである。このときにあたって、岩波書店は自己の責務のいよいよ重大なるを思い、従来の方針の徹底を期するため、すでに十数年以前より志して来た計画を慎重審議この際断然実行することにした。吾人は範をかのレクラム文庫にとり、古今東西にわたって文芸・哲学・社会科学・自然科学等種類のいかんを問わず、いやしくも万人の必読すべき真に古典的価値ある書をきわめて簡易なる形式において逐次刊行し、あらゆる人間に須要なる生活向上の資料、生活批判の原理を提供せんと欲する。この文庫は予約出版の方法を排したるがゆえに、読者は自己の欲する時に自己の欲する書物を各個に自由に選択することができる。携帯に便にして価格の低きを最主とするがゆえに、外観を顧みざるも内容に至っては厳選最も力を尽くし、従来の岩波出版物の特色をますます発揮せしめようとする。この計画たるや世間の一時の投機的なるものと異なり、永遠の事業として吾人は微力を傾倒し、あらゆる犠牲を忍んで今後永久に継続発展せしめ、もって文庫の使命を遺憾なく果たさしめることを期する。芸術を愛し知識を求むる士の自ら進んでこの挙に参加し、希望と忠言とを寄せられることは吾人の熱望するところである。その性質上経済的には最も困難多きこの事業にあえて当たらんとする吾人の志を諒として、その達成のため世の読書子とのうるわしき共同を期待する。

昭和二年七月